STRATEGIC *canvas*

Ricardo Costa Caggy
Tânia Moura Benevides

STRATEGIC

Conduza a estratégia do seu
negócio por caminhos dinâmicos
e criativos de forma inovadora

ALTA BOOKS
EDITORA
Rio de Janeiro, 2018

Strategic Canvas — Conduza a estratégia do seu negócio por caminhos dinâmicos e criativos de forma inovadora
Copyright © 2018 da Starlin Alta Editora e Consultoria Eireli. ISBN: 978-85-508-0267-1

Todos os direitos estão reservados e protegidos por Lei. Nenhuma parte deste livro, sem autorização prévia por escrito da editora, poderá ser reproduzida ou transmitida. A violação dos Direitos Autorais é crime estabelecido na Lei nº 9.610/98 e com punição de acordo com o artigo 184 do Código Penal.

A editora não se responsabiliza pelo conteúdo da obra, formulada exclusivamente pelo(s) autor(es).

Marcas Registradas: Todos os termos mencionados e reconhecidos como Marca Registrada e/ou Comercial são de responsabilidade de seus proprietários. A editora informa não estar associada a nenhum produto e/ou fornecedor apresentado no livro.

Impresso no Brasil — 1ª Edição, 2018 - Edição revisada conforme o Acordo Ortográfico da Língua Portuguesa de 2009.

Publique seu livro com a Alta Books. Para mais informações envie um e-mail para autoria@altabooks.com.br

Obra disponível para venda corporativa e/ou personalizada. Para mais informações, fale com projetos@altabooks.com.br

Produção Editorial	**Produtor Editorial**	**Produtor Editorial (Design)**	**Marketing Editorial**	**Ouvidoria**
Editora Alta Books	Thiê Alves	Aurélio Corrêa	Silas Amaro	ouvidoria@altabooks.com.br
Gerência Editorial	**Assistente Editorial**	**Editor de Aquisição**	marketing@altabooks.com.br	
Anderson Vieira	Renan Castro	José Rugeri	**Vendas Atacado e Varejo**	
		j.rugeri@altabooks.com.br	Daniele Fonseca	
			Viviane Paiva	
			comercial@altabooks.com.br	
Equipe Editorial	Bianca Teodoro	Ian Verçosa	Illysabelle Trajano	Juliana de Oliveira
Revisão Gramatical	**Diagramação/Layout**	**Ilustrações e Capa**		
Amanda Meirinho	Luisa Maria Gomes	Aurélio Corrêa		
Vivian Sbravatti				

Dados Internacionais de Catalogação na Publicação (CIP) de acordo com ISBD

C131s   Caggy, Ricardo Costa
         Strategic Canvas: conduza a estratégia do seu negócio por caminhos dinâmicos e criativos de forma inovadora / Ricardo Costa Caggy, Tânia Moura Benevides. - Rio de Janeiro : Alta Books, 2018.
         160 p. : il. ; 24cm x 17cm.

         Inclui índice e bibliografia.
         ISBN: 978-85-508-0267-1

         1. Administração. 2. Planejamento estratégico. 3. Canvas. I. Benevides, Tânia Moura. II. Título.

2018-117   CDD 658.401
                         CDU 658.011.2

Elaborado por Vagner Rodolfo da Silva - CRB-8/9410

Erratas e arquivos de apoio: No site da editora relatamos, com a devida correção, qualquer erro encontrado em nossos livros, bem como disponibilizamos arquivos de apoio se aplicáveis à obra em questão.

Acesse o site www.altabooks.com.br e procure pelo título do livro desejado para ter acesso às erratas, aos arquivos de apoio e/ou a outros conteúdos aplicáveis à obra.

Suporte Técnico: A obra é comercializada na forma em que está, sem direito a suporte técnico ou orientação pessoal/exclusiva ao leitor.

A editora não se responsabiliza pela manutenção, atualização e idioma dos sites referidos pelos autores nesta obra.

ALTA BOOKS
EDITORA

Rua Viúva Cláudio, 291 — Bairro Industrial do Jacaré
CEP: 20970-031 — Rio de Janeiro - RJ
Tels.: (21) 3278-8069 / 3278-8419
www.altabooks.com.br — altabooks@altabooks.com.br
www.facebook.com/altabooks

Use o *Strategic Canvas*
para definir e conduzir a estratégia do seu negócio, elaborando um Mapa dinâmico a partir de um processo criativo, com a finalidade de organizar os valores, a missão e a visão da organização.

Ricardo Costa Caggy

Doutor em Administração pela Universidade Federal da Bahia (2018), mestre em Administração pela Universidade Federal da Bahia (2011), mestre em Gestão, Planejamento e Estratégia Empresarial pela Universidade Autônoma de Lisboa (2006), especialista em Docência do ensino superior pela Faculdade Adventista de Educação do Nordeste (2006) e graduado em Administração pela Universidade Estadual de Feira de Santana (2002). Atualmente é professor e pesquisador da Faculdade Adventista da Bahia. Possui mais de vinte anos de experiência profissional no âmbito nacional e internacional na área de Administração, em diferentes tipos de organização (públicas e privadas), com diferentes funções. Possui experiência de mais de dez anos atuando como consultor e gestor. Como pesquisador, atua principalmente nos seguintes temas: Estratégia, Empreendedorismo, Inovação, Gestão do Conhecimento, Ensino da Administração e Desenvolvimento Local. Autor e organizador de livros, com destaque para sua produção infantil, voltada para a disseminação da cultura empreendedora e das ferramentas de administração para crianças.

Tânia Moura Benevides

Doutora em Administração pela Universidade Federal da Bahia (2012), mestre em Administração Estratégica pela Universidade Salvador (2003), especialista em Finanças Empresariais pela FGV (2000), especialista em Gestão Política e Planejamento Estratégico pela Escola Superior de Guerra (2017) e graduada em Administração pela Faculdade Ruy Barbosa (1996). Atualmente é professora e pesquisadora da Universidade do Estado da Bahia e da Universidade Federal da Bahia. Como pesquisadora, atua principalmente nos seguintes temas: Estratégia, Empreendedorismo, Economia Criativa, Gestão de Pessoas, Precarização do Trabalho e Segurança Pública. Atua como Coordenadora do curso de Administração da Universidade do Estado da Bahia e do Núcleo de Extensão em Administração da Universidade Federal da Bahia. Possui mais de vinte e quatro anos de experiência profissional em diferentes segmentos: petroquímico, bancário e educacional.

Sumário

APRESENTAÇÃO	XII
1 O QUE É ESTRATÉGIA?	2
Perspectiva Evolucionária da Estratégia	6
Tipos de Estratégias	11
Estratégia Competitiva	14
Vantagem Competitiva	19
2 O QUE É GESTÃO ESTRATÉGICA?	26
Gestão Estratégica na Perspectiva Evolucionária	30
Conhecimento para Gestão Estratégica	33
3 COMO ANDA O PLANEJAMENTO ESTRATÉGICO?	40
4 QUAL O PAPEL DO GESTOR?	56
5 O QUE É O STRATEGIC CANVAS?	74
Eu faço o Mapa!	78
Strategic Canvas	82
Na prática	96
Para finalizar...	131
REFERÊNCIAS	134
ÍNDICE	138

Prefácio

> *"Em uma época em que ruíram as barreiras entre gêneros literários, as explicações de um autor sobre a natureza de um livro são perfeitamente dispensáveis. Importa apenas que o conteúdo transmitido justifique o emprego do tempo".*
>
> — Celso Furtado

E de um prefácio?

Como falar de um livro que instrumentaliza gestores de todas as esferas e escalas de ações organizadas, em configurações das mais simples às mais complexas para prever, desenvolver e avaliar ações, impactos e resultados?

Informo, caro leitor, com o privilégio da primeira leitura, que o conteúdo justifica não apenas o emprego do tempo no primeiro acesso, como creio que você voltará a ele várias vezes para novas consultas e utilizações, seja você professor ou profissional de qualquer outra atividade ou campo. E não é só porque fui suspeita professora dos dois e sou a ainda mais orgulhosa orientadora de um deles.

Ricardo Caggy e Tania Moura Benevides são professores que dignificam o ofício de ensinar com integridade, competência e o que se pode chamar de "arte do convívio", em cenários turbulentos como são as organizações que ambos têm a missão de educar em tempos de crise sistêmica.

Nunca precisamos tanto de instrumentos como os desenvolvidos neste livro, que não se limita a estes, mas dá a eles a ancoragem conceitual necessária. Se temos, no momento, muitas ofertas de instrumentos, é muito bom dispor de um trabalho com base em aplicações metodológicas em diferentes territórios.

São caminhos que garantem processos de identificação, compreensão, aplicação a solução de problemas, articulando planejamento estratégico, análise de ambientes, *balanced scorecard*, *canvas* e outros recursos. É, sobretudo, um esforço de síntese que pode, leitor, contribuir para diversas ações intra e interorganizacionais que projetem, em qualquer espaço, micro ou macro, próximo ou distante, um futuro com mais esperança de realizações consistentes.

Em respeito ao seu tempo, leitor, este prefácio termina para que você acesse o conteúdo.

Tânia Fischer
Professora titular da Universidade Federal da Bahia e coordenadora do Centro Interdisciplinar em Desenvolvimento e Gestão Social (CIAGS)

Apresentação

Mapa Não é Território!

Esse é um pressuposto da Programação Neurolinguística (PNL) idealizado por Richard Bandler, Filósofo e Psicólogo, e John Grinder, linguista.

Vocês podem até se perguntar: "mas o que a PNL e Mapas tem a ver com a Gestão Estratégica?"

A PNL é uma via para programar a mente das pessoas, na opinião de seus idealizadores e seguidores. Tal programação se viabiliza pelo uso da linguagem, baseando-se em um conjunto de modelos, estratégias e mudanças de crenças. Há nesse processo um estímulo à comunicação positiva e eficiente entre as pessoas, com o objetivo de alcançar a excelência no desenvolvimento pessoal e profissional. A PNL parte do princípio de que a mente, o corpo e a linguagem interagem para criar a percepção que cada indivíduo tem do mundo, valendo-se de uma "modelagem". A modelagem organiza internamente as representações de mundo, configuradas em um "Mapa". As representações auxiliam o possuidor do Mapa em sua condução pelo "mundo" de forma mais acertada.

Cada um de nós possui um Mapa contendo a modelagem das nossas representações. Os diferentes Mapas nos guiam por diferentes caminhos. Não há melhor, nem pior. Há, sim, Mapas mais adequados. Aqueles que nos permitem um direcionamento mais assertivo e alinhado com as nossas escolhas. Devemos respeitar os Mapas alheios, pois "Mapas não são territórios", são apenas representações deles. Ter um Mapa, quando bem construído, nos assegura uma maior probabilidade de sucesso.

Uma organização é composta por pessoas, e cada pessoa possui seu próprio Mapa interno. Dar direcionamento às ações de cada indivíduo para que a organização alcance o seu objetivo final é o desafio gestor. Pensando nisso, optamos por apresentar a você, leitor, um instrumento que oportunize o alinhamento dos diferentes Mapas mentais dos participantes de uma empresa, agregando a ele informações úteis sobre os ambientes internos e externos da organização. Trata-se da possibilidade de construção de um Mapa organizacional que sirva de referência para a condução dos grupos e equipes no seu contexto.

A ideia de escrever este livro nasceu da inquietação dos autores. Eu, Ricardo Caggy, ao participar de processos de formulação estratégica, e tendo ampla experiência gestora em instituições de ensino superior, busquei unir a teoria e a prática organizacional em um Mapa, ou seja, um Canvas. A ideia é instrumentalizar gestores de diferentes organizações na operacionalização da gestão estratégica. Da minha inquietação, surgiu o *Strategic Canvas*, um modelo de Canvas que não só orienta diferentes gestores de contextos variados, mas torna o processo de formulação estratégica um momento lúdico e prazeroso.

A fim de estruturar o trabalho e alicerçar os gestores para uma atuação mais efetiva, eu, Tânia Moura, dei a minha contribuição nesta obra. Nos meus 25 anos de experiência profissional, participei de muitos processos de Planejamento Estratégico nas organizações em que atuei e pude experimentar muitas oportunidades de aprendizado. Há, em todas as experiências, observações, inquietações e lições que trouxe para a vida acadêmica.

Apesar das muitas publicações disponíveis sobre gestão ou planejamento estratégico, poucas são aquelas que buscam disponibilizar, na nossa visão, uma trilha para a atuação prática. E é aqui que queremos dar a nossa contribuição, pois entendemos esta como a grande clivagem nesse campo. Para os que trabalham no âmbito organizacional, há muitas experiências exitosas, mas muitas frustrações com a efetividade dos planos traçados. A trajetória muitas vezes não é percorrida na íntegra.

Os autores

Strategic Canvas

Capítulo 1

O que é Estratégia?

É possível conhecer um conceito sem conhecer a trajetória histórica que leva à construção deste conceito. Mas é possível questionar a efetividade desse conceito na estruturação cognitiva dos sujeitos, quando a conceituação é incorporada de forma fragmentada e apartada da sua trajetória histórica.

Para entender os diferentes conceitos de estratégia, é preciso compreender sua evolução histórica como área de estudo. É por essa razão que optamos por apresentar ao leitor, neste capítulo, as diferentes propostas de definição de estratégia, bem como suas tipologias, dando destaque à perspectiva teórica da Estratégia Competitiva desenvolvida por Michael Porter.

Esperamos que você, após essa leitura, possa conhecer: os conceitos de estratégia; as diversas escolas do pensamento estratégico; a taxonomia de processos de formação de estratégias, bem como o incrementalismo lógico e as estratégias processuais; e as concepções de estratégia de Michael Porter, incluindo Estratégia Competitiva e Vantagem Competitiva.

Michael Porter

Toda História tem

uma Trajetória.

Perspectiva Evolucionária da Estratégia

A palavra estratégia remete a concepções distintas, pois tem uma origem muito remota e agregou, ao longo da história, significações diversas.

Originalmente, segundo Voltolini (2004), o termo "estratégia" deriva da palavra grega *estratego*, que significava cargo de um comandante da armada na antiga Atenas.

No século XVII, esta terminologia começou a ser utilizada para ilustrar a arte de coordenar a ação das forças militares, políticas, econômicas e morais. Entretanto, existem registros sobre o uso de estratégia, como atuação militar desde 500 anos a.C., no livro A Arte da Guerra[1], escrito por Sun Tzu.

Somente no século XIX a estratégia passa a ser utilizada como um meio de controlar as forças de mercado. As referências neste enfoque são Maquiavel[2], Miyamoto Musashi[3] e Alfred Sloan[4].

---

[1] Na atualidade, *A Arte da Guerra* de Sun Tzu passou a ser utilizada como uma metáfora para explicar a concorrência entre as empresas, que se tornou para muitos autores um campo de batalha.

[2] Nicolau Maquiavel escreveu, em 1513, "O Príncipe". O livro tinha por objetivo instruir governantes sobre os usos e abusos do poder na gestão dos reinos, mas se constituiu em um guia para as estratégias de fusões e aquisições, enfatizando a visão renascentista do indivíduo controlando de forma impiedosa a organização.

[3] Musashi pensa a estratégia a partir do Caminho do Guerreiro. Sua concepção passa pela aceitação da morte. Para o espadachim, somente aceitando a derrota completa um homem pode se tornar invencível — nada mais há a temer, quando já se está morto na Terra. Em seu livro "Cinco Anéis", apresenta Nove Regras para se tornar um mestre de estratégia: 1- Não pense com desonestidade; 2- O Caminho está no treinamento; 3- Trave contato com todas as Artes; 4- Conheça o Caminho de todas as profissões; 5- Aprenda a distinguir ganho de perda nos assuntos materiais; 6- Desenvolva o julgamento intuitivo e a compreensão de tudo; 7- Perceba as coisas que não podem ser vistas; 8- Preste atenção até ao que não tem importância; e 9- Não faça nada que de nada sirva. Com essas Nove Regras, o Guerreiro entendia ser capaz de vencer inimigos somente com um olhar.

[4] Nascido em 1875 e falecido em 1966, foi Presidente da General Motors em 1923, permanecendo nesse posto durante quase 30 anos. A sua relevância como estrategista deve-se a sua trajetória de sucesso na GM, incluindo sua concepção de empresa descentralizada e multidivisional.

Há, no início do século XX, a introdução do conceito de estratégia como ambiente de negócios. Verifica-se esta abordagem nos livros do Ronald Coase (1937), Chester Bernard (1938) e Joseph Schumpeter (1942).

Na década de 50, pesquisadores em Harvard passam a estudar estratégias empresarias por meio da análise de casos.

Estes pesquisadores buscavam um modelo amplamente aplicável, entretanto, ainda com uma visão de curto prazo.

A partir da década de 1960, o estudo sistematizado da estratégia passa a ocupar posição de destaque para diversos autores, conforme a cronologia e a conceituação apresentadas na tabela 1-1.

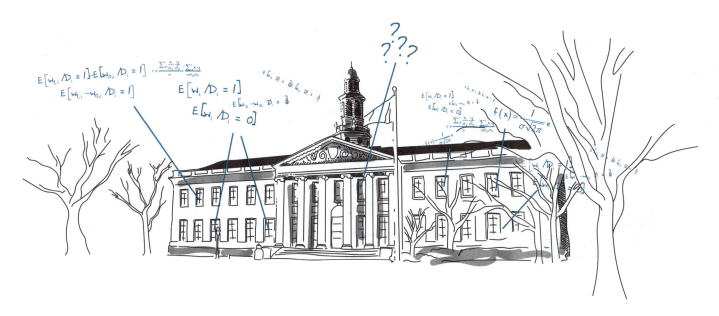

Período	Pressupostos Teóricos
Anos 1960	Formulação estratégica adequando capacidades internas e possibilidades externas – forças e fraquezas; Projeção de longo prazo; Estudo de cenários; Formulação estratégica como responsabilidade dos altos executivos.
Anos 1970	Os estudos sobre estratégia tornam-se muito relevantes; Objetivos dos estudos centram-se na definição de estratégias; Análise ambiental interna e externa; Foco no crescimento por meio de expansão e diversificação.
Anos 1980	Definição de estratégias a partir da análise do segmento – atratividade da indústria; A Administração estratégica ganha relevância; Foco no conceito de competitividade; Responsabilidade compartilhada em todos os níveis gerenciais.
Anos 1990	Busca por competências essenciais; Terceirização das atividades não centrais; Foco na gestão estratégica, pensamento sistêmico e integração entre planejamento e controle; Busca pela sintonia entre ambientes externo e interno; Impacto da gestão ambiental na definição estratégica.
Pós Anos 1990	Prática gerencial que busca visão de futuro, capacidade adaptativa, flexibilidade, atuação global, participação e criatividade; Foco em alianças e parcerias, responsabilidade social e ambiental e aprendizagem contínua; Estratégia como processo contínuo, complexo e implementado por meio de projetos.

Conceito	Referência
Um dos vários conjuntos de regras de decisão utilizados para orientar o comportamento de uma organização.	Igor Ansoff
Um padrão, um fluxo de ações ou decisões.	Henry Mintzberg
Forma de criar uma posição exclusiva e valiosa, envolvendo um diferente conjunto de atividades compatíveis entre si.	Michael Porter
Um conjunto abrangente de medidas de desempenho que serve de base para um sistema de medição e gestão estratégica.	Kaplan e Norton
Uma prática social, que explica como os praticantes da estratégia agem e interagem.	Richard Whittington

■ Perspectiva Evolucionária. | Fonte: Adaptado de Bulgacov et al, 2007.

É importante compreender que a evolução dos estudos de estratégia é fruto do amadurecimento na gestão organizacional, que ao longo das décadas empreende em estudos que promovam mudanças e sustentabilidade nas organizações. Dessa forma, o campo de estudo sobre estratégia empresarial reflete renovação e diversidade, reveladas de forma complexa, dificultando a adoção de um conceito único, conforme a figura apresentada a seguir.

■ Definição de estratégia. | Fonte: Elaboração própria, 2017.

Para minimizar as dificuldades de adoção de um conceito único, Mintzberg, Ahlstrand e Lampel (2000) propuseram uma conceituação ampliada a partir da definição dos 5 Ps, que são apresentados na tabela 1-2 a seguir.

5 Ps	Descrição
Plan Plano	Sequência ordenada de ações para a consecução de um dado objetivo.
Position Posição	Conjunto de variáveis, atores e padrões de relacionamento que nos permite entender como um dado contexto estratégico está estruturado.
Perspective Perspectiva	Percepção que o ator estratégico tem do contexto (posição) onde atua ou pretende atuar.
Pattern Padrão	Tendência de comportamento estratégico percebida pelo ator nos demais atores com os quais se relaciona e nas variáveis do contexto estratégico onde atua.
Ploy Manobra	Movimento oportunista e/ou malicioso.

■ 5 Ps. | Fonte: Adaptado de Mintzberg, Ahlstrand e Lampel, 2000.

A ênfase ou adoção de uma das conceituações dos 5Ps dependerá da preferência das escolas de planejamento que serão apresentadas a seguir e das suas respectivas ênfases, entretanto, os autores destacam que, embora as escolas possam apresentar divergências, existem também as áreas de concordâncias ou convergência:

Tipos de Estratégias

Ao estudarmos estratégia, verificamos que muitos autores apontam a existência de diferentes tipos ou taxonomias para a análise de estratégias organizacionais, pois há um real interesse em compreender fenômenos que possam explicar como as organizações alcançam ou fracassam em seus empreendimentos.

Mintzberg, Ahlstrand e Lampel (2000) propõem a adoção de dois níveis: a estratégia corporativa, que deve apontar para a definição do negócio, e a estratégia de negócios, que busca definir a atuação em relação ao posicionamento competitivo.

Para Porter (1989), a estratégia também pode ser adotada em dois níveis: a estratégia de unidades empresariais, a qual expõe o curso das atividades de uma empresa em determinados segmentos, e a estratégia corporativa, que reflete a composição do portfólio de unidades empresariais de uma empresa.

Complementando a taxonomia apresentada pelos autores anteriormente citados, Bulgacov et al (2007) inclui as estratégias funcionais como sendo relevantes para a definição de como a organização deve competir.

Utilizando e condensando as perspectivas destes autores, têm-se então as estratégias corporativas, as estratégias de negócios e as estratégias funcionais, conforme consta na figura abaixo.

■ Tipos de Estratégias. | Fonte: Elaboração própria a partir de Mintzberg, Ahlstrand e Lampel, 2000 e Bulgacov et al, 2007.

Mintzberg, Ahlstrand e Lampel (2000) desenvolveram ainda uma conceituação multifocal de estratégia em um livro denominado *Safári de Estratégia*. Nessa obra, os autores apresentam um conceito amplo do campo de estudo por meio das conceituações de dez escolas, que oferecem ao leitor estratégias deliberadas e emergentes, a partir das quais é possível analisar diferentes perspectivas a serem adotadas pelas organizações. As escolas apresentadas pelos autores e as suas concepções seguem discriminadas na tabela a seguir.

As três primeiras escolas são prescritivas e se propõem a dizer como as estratégias devem ser formuladas. As seis escolas seguintes buscam descrever como ocorre a formulação da estratégia. A última escola é apontada como uma síntese das demais, descrevendo o processo de formulação como um processo de transformação.

A literatura sobre estratégia aborda estas escolas em diferentes momentos, o que influencia profissionais de todos os segmentos. O processo de formulação estratégica pode combinar vários aspectos diferentes, ou seja, para formular uma estratégia, é possível utilizar-se de aspectos distintos das diferentes concepções de cada escola.

A Escola do posicionamento, bastante difundida nas décadas de 1980 e 1990, ainda é muito utilizada e está baseada, sobretudo, no trabalho de Michael Porter, que segue apresentado nos temas a seguir.

1 - Escola do Design
* Formação da estratégia como um processo de concepção;
* Processo de desenho informal.

2 - Escola do Planejamento
* Formação da estratégia como um processo de concepção;
* Processo de planejamento formal separado e sistemático.

3 - Escola do Posicionamento
* Formação da estratégia como um processo analítico;
* Focaliza a seleção de posições estratégicas no mercado.

4 - Escola Empreendedora
* Formação da estratégia como um visionário;
* Descreve a formulação estratégica a partir da visão do grande líder.

5 - Escola Cognitiva
* Formação da estratégia como um processo mental;
* Utiliza-se das mensagens da psicologia cognitiva para entrar na mente do estrategista.

6 - Escola do Aprendizado
* Formação da estratégia como um processo emergente;
* A estratégia emerge lentamente do aprendizado.

7 - Escola do Poder
* Formação da estratégia como um processo de negociação;
* A estratégia nasce do conflito interno ou externo.

8 - Escola Cultural
* Formação da estratégia como um processo coletivo;
* A estratégia está enraizada na cultura organizacional – coletividade e cooperação.

9 - Escola Ambiental
* Formação da estratégia como um processo reativo;
* Estratégia nasce da reação ao contexto externo.

10 - Escola da configuração
* Formação da estratégia como um processo de transformação;
* Combinação das demais escolas, incluindo conteúdo estratégico e estrutura organizacional e seus contextos.

■ Escolas Estratégicas do Safári de Estratégia. | Fonte: Elaboração própria a partir de Mintzberg, Ahlstrand e Lampel, 2000 e Bulgacov et al, 2007.)

Estratégia Competitiva

Surge, na década de 1980, uma nova proposição de tipologia para a estratégia: a Estratégia Competitiva de Michael Porter, que aponta para a análise setorial. A perspectiva teórica da Estratégia Competitiva é muito utilizada atualmente e apresenta-se como uma forma de posicionamento em mercados extremamente competitivos, a partir da análise da empresa em relação ao segmento em que esta está inserida.

A formulação estratégica consiste no enfrentamento da competição, que deve ser analisado à luz do que ocorre no segmento em que a empresa atua, ou seja, o setor. No modelo, cada segmento é afetado por cinco forças competitivas, conforme apresentado na figura ao lado. O conjunto das forças e a potência que emerge de sua interação é que vai determinar as perspectivas de manutenção e crescimento da empresa. Nessa configuração, o objetivo do estrategista é encontrar uma posição na qual a empresa seja capaz de melhor se defender contra essas forças ou de influenciá-las a seu favor.

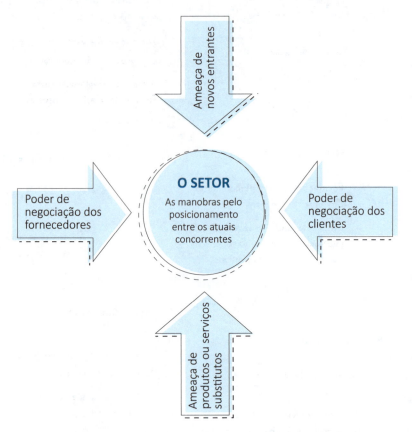

■ Forças que governam a competição em um setor. | Fonte: Porter, 1999.

A estratégia competitiva propõe, deliberadamente, a escolha de um conjunto diferente de atividades para criar um *mix* único de valores, o que permite pensar na competição estratégica como o processo de perceber novas posições, atraindo e retendo clientes.

A estratégia competitiva cria um posicionamento ofensivo ou defensivo contra as cinco forças competitivas apresentadas anteriormente.

Para enfrentar as cinco forças, Porter (1986) propõe três estratégias genéricas, que são as apresentadas na figura abaixo.

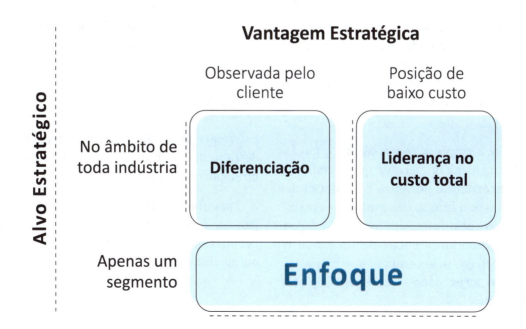

O autor chama a atenção para a adoção de uma estratégia genérica de cada vez, pois, embora a empresa possa seguir com sucesso mais de uma abordagem, é muito raro em casos desta natureza. Cabe aqui compreender melhor cada uma delas.

Liderança no custo total

Estratégia muito utilizada nos anos 1970 que consiste na adoção de políticas funcionais orientadas para a liderança de custo total em uma determinada indústria. Ou seja, trata-se de uma estratégia que persegue vigorosamente a redução de custos pela experiência, e da própria redução de custos e redução de despesas.

Esta estratégia protege a empresa contra as cinco forças porque, ao produzir margens altas, permite que a empresa se destaque entre os concorrentes, por meio de: redução do estímulo a novos entrantes, em função dos ganhos de escala; inibição a novos produtos substitutos, em função do preço praticado no mercado; melhoria da eficiência limitando o poder de negociação dos preços pelo comprador; e limitação do aumento de preço dos fornecedores, em função do seu posicionamento de liderança.

> **Oferece os seguintes riscos:**
> * incapacidade de ver a mudança necessária ao produto e ao seu marketing em função da atenção voltada ao custo;
> * aprendizado de baixo custo pelos concorrentes;
> * mudanças tecnológicas que anulem as vantagens do aprendizado anterior.

Diferenciação

Estratégia utilizada para diferenciar produtos ou serviços, destacando a empresa (seu produto ou serviço) como única no segmento em que atua.

Para obter a diferenciação, a empresa pode atuar no projeto ou marca, desenvolver uma nova tecnologia, atribuir peculiaridades, atuar sob demanda, ou ainda desenvolver outras dimensões.

Para esta estratégia genérica, diferenciar-se em muitas dimensões é o ideal. Neste caso, os custos são importantes, mas não são o alvo principal.

A diferenciação cria uma posição defensável frente às cinco forças competitivas, pois proporciona o isolamento contra a rivalidade competitiva em função da lealdade desenvolvida junto ao consumidor, tornando-o menos sensível em relação a preço.

Enfoque

Estratégia desenvolvida visando atender bem a um alvo determinado. Pressupõe-se aqui o atendimento direcionado a um foco, que é a diferenciação ou custo. Neste caso, busca-se um foco mais efetivo e eficiente do que o adotado pelos concorrentes que atuam mais amplamente.

Ao atuar dessa forma, a empresa pode buscar a diferenciação, pois satisfaz melhor a necessidade do seu público-alvo, ou oferecer preços mais baixos, fruto de uma boa gestão de custos, ou almejar ambos os posicionamentos, o que a torna mais competitiva.

Pelas mesmas razões apresentadas nas estratégias anteriores, essa estratégia protege a empresa em relação às cinco forças competitivas.

> Oferece os seguintes riscos:
>
> * O diferencial de custos concorrentes no mercado total e as empresas que adotam enfoques particulares podem se ampliar até eliminarem as vantagens de custos ao atender um alvo estreito, ou anularem a diferenciação alcançada pelo enfoque.

Alguns requisitos se impõem para utilização de estratégias genéricas, apresentados na tabela a seguir.

Estratégias Genéricas	Recursos e habilidades requeridas	Requisitos organizacionais comuns
Liderança de custo	• Investimento e acesso de capital sustentado e acesso; • Boa capacidade de engenharia de processo; • Supervisão intensa da mão de obra; • Projeto visando facilitar a produção; • Distribuição de baixo custo.	• Controle de custo rígido, frequente e detalhado; • Organização e responsabilidades estruturadas; • Incentivos baseados em metas quantitativas.
Diferenciação	• Grande habilidade de marketing; • Engenharia de produto; • Criatividade; • Investimento em pesquisa e inovação.	• Forte coordenação entre as áreas funcionais e P&D; • Incentivos subjetivos.
Enfoque	• Reputação da empresa como líder em qualidade ou tecnologia; • Longa tradição no segmento; • Forte cooperação dos canais; • Combinação das políticas listadas acima dirigidas para a meta estratégica em particular.	• Ambiente ameno para atrair profissionais altamente qualificados, criativos e/ou pesquisadores; • Políticas dirigidas para a meta estratégica em particular.

■ Requisitos das estratégias genéricas. | Fonte: Adaptado de Porter, 1986.

Vantagem Competitiva

Porter amplia seu conceito de Estratégia Competitiva para Vantagem Competitiva. Nesta nova abordagem, o autor concentra a análise na própria empresa, e não mais no ambiente, como na proposta anterior. A nova abordagem não desconsidera a anterior, e sim complementa-a, com foco mais especificamente nos atributos internos da empresa capazes de gerar valor para ela mesma.

A Vantagem Competitiva foi desenvolvida como complemento à Estratégia Competitiva, introduzindo o conceito de cadeia de valor. A figura apresentada abaixo destaca como se constitui a cadeia de valor genérica de uma empresa.

■ Cadeia de Valor. | Fonte: Adaptado de Porter, 1989.)

A ideia central do conceito de Vantagem Competitiva reside em estabelecer um raciocínio estratégico em busca da vantagem competitiva sustentável, o que ajuda a tornar a estratégia mais concreta, viável e implementável, gerando valor[5] para a empresa.

Para Porter (1989, p.23), "vantagem competitiva descreve o modo como pode escolher e implementar uma estratégia genérica a fim de obter e sustentar uma vantagem competitiva".

Para a obtenção de vantagem competitiva, o autor adverte que é necessário observar as inúmeras atividades desenvolvidas por uma empresa, como por exemplo, projeto, produção e marketing, pois cada uma destas atividades pode contribuir para a posição de custos relativos, além de criar bases para a diferenciação.

As atividades desenvolvidas exibem o valor total da empresa e são representadas pela **cadeia de valor**, na qual o valor é composto pelas **atividades de valor** e pela **margem de lucro**.

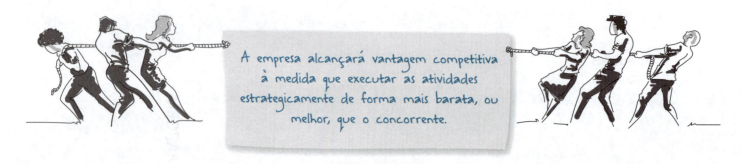

A empresa alcançará vantagem competitiva à medida que executar as atividades estrategicamente de forma mais barata, ou melhor, que o concorrente.

Cada atividade de valor emprega insumos, recursos humanos e tecnologia para execução de sua função e utiliza e cria informação. As atividades de valor podem ser divididas em dois tipos: Atividades Primárias e Atividades de Apoio.

---

[5] Valor é quanto os compradores estão dispostos a pagar por aquilo que a empresa lhe fornece. O valor é medido pela receita total, reflexo do preço que o produto de uma empresa impõe e as unidades que ela pode vender.

Atividades Primárias

São as atividades envolvidas na criação física do produto, na sua venda e transferência para o comprador, incluindo também a assistência pós-venda. Estas atividades dividem-se em cinco, que são:

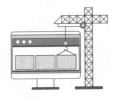

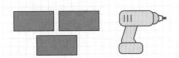

1. **Logística Interna:** Atividades associadas ao recebimento e distribuição de insumos, como manuseio de material, armazenamento, controle de estoque, programação de frotas e devolução para fornecedores.

3. **Logística Externa:** Atividades associadas à coleta, armazenamento e distribuição física do produto para compradores. Inclui operação de veículos de entrega, processamento de pedidos e operações.

4. **Marketing & Vendas:** Atividades que envolvem propaganda, promoção, força de vendas, cotação, seleção de canal, relações com canal e fixação de preço.

2. **Operações:** Atividades associadas à transformação de insumos, como trabalho com máquinas, embalagem, montagem, manutenção em equipamentos e operação de produção.

5. **Serviços:** Atividades associadas ao fornecimento de serviços para manter o valor do produto, como instalação, conserto, treinamento, fornecimento de peças e ajuste de produto.

Atividades de Apoio

Sustentam as atividades primárias e a si mesmas, fornecendo insumos, tecnologia, recursos humanos e várias funções ao âmbito da empresa. Podem ser associadas às atividades primárias ou apoiar a cadeia inteira. Estas atividades podem ser divididas em quatro categorias genéricas:

1. Aquisição: envolve a aquisição de todo e qualquer insumo necessário ao funcionamento da empresa (matérias-primas, suprimentos e outros itens de consumo, tais como máquinas e equipamentos). A melhoria na prática de compra de uma empresa implicará na melhoria dos custos e na qualidade dos insumos adquiridos.

2. Desenvolvimento de Tecnologia: Cada atividade de valor envolve tecnologia, sejam elas ligadas a *know-how*, procedimentos ou equipamento. As tecnologias são variadas e envolvem subtecnologias distintas. O desenvolvimento de tecnologias é de suma importância para qualquer empresa, pois causa diferenciação.

3. Gerência de Recursos Humanos: Esta atividade está relacionada ao recrutamento, contratação, treinamento, desenvolvimento e compensação de toda a equipe. A gerência de recursos humanos permeia toda a organização e afeta a vantagem competitiva da empresa, em qualquer segmento.

4. Infraestrutura da Empresa: Consiste em uma série de atividades, incluindo gerência geral, finanças, planejamento, contabilidade, apoio jurídico, qualidade, entre outros. Em alguns segmentos, esta atividade é vista como custo indireto, entretanto, a depender do seu posicionamento, pode ser fonte de vantagem competitiva.

As atividades de valor são os blocos de construção da vantagem competitiva de uma empresa. A análise da cadeia de valor, que mescla estas atividades associadas às suas margens, dirá se uma empresa tem custo alto ou baixo em relação à concorrência. Esta identificação se traduz após a análise comparativa com as cadeias de valores dos concorrentes, expondo assim as diferenças que determinam tal vantagem competitiva.

Assim, para diagnosticar a vantagem competitiva de uma organização, faz-se necessária a definição de sua cadeia de valor, o que permite verificar como a empresa compete em um segmento em particular.

Após a definição da cadeia de valor, a empresa deve buscar estabelecer uma análise de cenários, definindo então qual seu posicionamento estratégico, que poderá ser competitivo, ofensivo ou defensivo, conforme tabela a seguir.

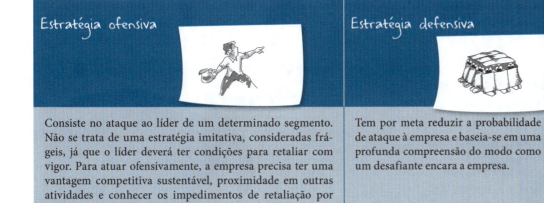

Estratégia ofensiva	Estratégia defensiva	Estratégia competitiva
Consiste no ataque ao líder de um determinado segmento. Não se trata de uma estratégia imitativa, consideradas frágeis, já que o líder deverá ter condições para retaliar com vigor. Para atuar ofensivamente, a empresa precisa ter uma vantagem competitiva sustentável, proximidade em outras atividades e conhecer os impedimentos de retaliação por parte da empresa líder.	Tem por meta reduzir a probabilidade de ataque à empresa e baseia-se em uma profunda compreensão do modo como um desafiante encara a empresa.	Desenvolve a organização por meio da competitividade, buscando a melhoria das atividades primárias e de apoio da cadeia de valor da organização. A empresa deverá ter uma vantagem competitiva sustentável.

■ Posicionamento estratégico. | Fonte: Adaptado de Porter, 1998.

A análise da Cadeia de Valor ajuda, portanto, a fornecer subsídios para o processo de formulação de estratégias. Seus principais objetivos são:

➤ Identificar oportunidades e ameaças e pontos fortes e fracos;

➤ Identificar oportunidades de diferenciação;

➤ Avaliar os principais determinantes de custos, localizando oportunidades de redução destes;

➤ Estabelecer uma comparação com a cadeia de valor dos concorrentes etc.

A análise de Cadeias de Valor serve para subsidiar o processo de gerenciamento estratégico, pois permite compreender e agir sobre a estrutura patrimonial, econômica, financeira e operacional das suas principais atividades, processos e entidades (ROCHA, BORINELLI, 2009).

Finalizando esta etapa, pode-se perceber que, apesar das diversas definições e tipologias utilizadas para estratégia, cabe entendê-la como um campo em evolução, pois se trata de um fenômeno complexo e peculiar.

Levando-se em consideração esta perspectiva, Bulgacov et al (2007, p.17) define estratégia como "decisões antecipadas que envolvem produto, mercados e processos organizacionais, com a finalidade de obterem-se resultados socioeconômicos". Portanto, cabe-nos apresentar a seguir a ampliação dos estudos estratégicos na Administração Estratégica e a sua aplicação prática no Planejamento e Formulação Estratégica.

Capítulo 2

O que é Gestão Estratégica?

Toda estratégia organizacional deriva de uma aprendizagem e demanda uma gestão. A mudança, em diferentes contextos, imprime aos indivíduos, às organizações e à sociedade a necessidade de aprendizagem. Há na mudança uma dinâmica de aceleração que admite a estabilidade como episódica, compreendendo o mundo como complexo, incerto e arriscado.

Diversos aspectos interferem nos contextos empresariais na dimensão organizacional. São eles: maior competição, gerando ameaças, produtos e serviços, ganhando dinamismo; crises de liderança e de competências; alteração na atribuição de valor aos negócios; e, por fim, a falência do planejamento estratégico[1].

Reagir aos aspectos apresentados requer que as organizações avaliem seus recursos e capacidades. Isso inclui os ativos financeiros, físicos, humanos e organizacionais usados para desenvolver, produzir e entregar produtos e/ou serviços. Para reagir, é preciso considerar questões importantes, tais como a capacidade de aprendizagem, organização e gestão.

Entender como conhecimento, organização e gestão se inter-relacionam admite uma maior probabilidade de alinhamento estratégico organizacional. Assim, optamos por apresentar aqui o processo evolutivo da administração estratégica, passando pela relevância do conhecimento da organização para a atuação estratégica, destacando a importância da atuação gestora.

---

[1] As mudanças bruscas levam às contingências, gerando crises e induzindo reações rápidas. Nos anos de 1990, as empresas norte-americanas e canadenses pesquisadas por Mintzberg não colocaram em prática as estratégias definidas em seus planos estratégicos prescritivos (SABBAG, 2007).

Toda grande com um

caminhada começa primeiro passo.

Gestão Estratégica na Perspectiva Evolucionária

O estudo da administração estratégica foi iniciado nos anos 1950, incentivado pela Fundação Ford e a Carnegie Corporation, que patrocinaram uma pesquisa sobre os currículos das escolas de administração nos Estados Unidos. A pesquisa[2] recomendava que o ensino de administração passasse a incluir uma capacitação na área de políticas de negócios, tornando-se mais abrangente.

A abrangência proposta indicava que a análise e a solução de problemas organizacionais do "mundo real" não deveriam restringir-se apenas às áreas funcionais, tais como finanças ou marketing, mas se ampliar agregando o conhecimento já adquirido em outros cursos, promovendo o desenvolvimento de habilidades gestoras nos estudantes.

Após 20 anos de desenvolvimento desta disciplina, a política de negócios, na década de 1970, já fazia parte do currículo de muitas escolas de administração. Essa disciplina ampliou seu escopo inicial ao longo do seu processo evolutivo, agregando outras abordagens, tais como: organização global e seu ambiente, responsabilidade e ética e impactos de fatores políticos e econômicos.

A ampliação de escopo fez com que a disciplina mudasse de nome, passando de política de negócios para administração estratégica.

Esta modificação de nomenclatura não se restringiu apenas ao campo de estudo, passando a ser utilizada também na área empresarial.

Neste sentido, pode-se afirmar que a administração estratégica passou, e continuará a passar, por um processo de mudança, em função, principalmente, da dinâmica de mercado.

---

[2] A pesquisa foi denominada Relatório Gordon-Howell, sendo amplamente aceita no período.

Na visão de Ansoff (1990), a evolução da administração estratégica ocorre na seguinte cronologia:

Década de 1950

Empresas desenvolveram uma abordagem sistemática para decidir para onde e como operariam no futuro. Recebeu o nome de formulação estratégica.

Década de 1970

Descobriu-se que a configuração interna da empresa precisava ser alterada sempre que a empresa promovesse uma alteração descontínua da sua estratégia.
Resposta a frequentes descontinuidades ambientais imprevisíveis, principalmente em termos sócio-políticos e tecnológicos.

Década de 1980

Abordagem sistemática da gestão de mudanças estratégicas, que compreendem posicionamento, resposta rápida e gestão sistemática da resistência.

■ Cronologia de Ansoff | Fonte: Ansoff, 1990.

Ao longo do processo evolucionário, uma das mudanças relevantes neste campo é o papel do gestor no processo de formulação de estratégias. Na escola de planejamento, a definição de estratégias era responsabilidade do departamento de planejamento das organizações, envolvido no projeto e na implementação dos sistemas de administração estratégica. Posteriormente, principalmente em organizações de menor porte, e refletido na escola empreendedora, a formulação estratégica passa a ser considerada resultante da visão do grande líder. Na visão mais atual, pode-se encontrar a concepção de que o planejamento deve envolver membros de diferentes áreas e níveis da organização.

Essas mudanças trouxeram uma real dificuldade de se estabelecer um consenso sobre o significado do termo, que pode ser denominado **administração estratégica** ou, **gestão estratégica**.

Cabe inicialmente distinguirmos gestão estratégica de planejamento estratégico, pois muitos analistas constataram que executivos e organizações podem elaborar planejamentos estratégicos que nunca virão a ser implementados se não adotarem um posicionamento gestor.

O planejamento é apenas uma pequena parte do sucesso de uma transformação estratégica.

O conceito de estratégia é, para Costa (2007), muito mais abrangente que o de planejamento, pois engloba as avaliações de diagnóstico, a estruturação do processo de planejar e formular um propósito compartilhado para a organização, a escolha da estratégia, a fixação de metas e desafios e a atribuição de responsabilidades para o detalhamento dos planos e projetos necessários à implementação de estratégias.

Para Mintzberg et al (2006), as estratégias não existem de forma concreta; são conceitos que emergem e se estruturam na mente das pessoas. Esse entendimento destaca a relevância do conhecimento para pensar, conceber e perceber a estratégia.

Conhecimento para Gestão Estratégica

Admitindo-se a era do conhecimento como estabelecida, sendo a mudança uma constante no ambiente organizacional, há um consenso de que a reflexão sobre a estratégia é mais relevante do que a elaboração de planos estratégicos prescritivos. A reflexão sobre estratégia exige a aquisição e a gestão da informação, o que demanda considerável investimento de diferentes recursos organizacionais.

As organizações possuem uma complexidade estrutural problemática, que é alimentada pela fragmentação em setores, nichos de poder, divisão do trabalho, especialização de funções, distribuição geográfica e diferenças culturais. Podem ser mais ou menos complexas a depender de muitos fatores, sejam eles internos ou externos.

Uma forma de reduzir o abismo que tal complexidade impõe é a promoção do conhecimento no contexto organizacional. Assim, promover o conhecimento é o mesmo que disseminar conhecimento, o que compreende uma ação para atingir grande parcela dos indivíduos dentro e fora do contexto organizacional. Há nesse processo uma troca entre distintos atores, amparada na reciprocidade, reputação e altruísmo. Pode-se dizer que as organizações **Criam**, **Codificam**, **Compartilham** e **Apropriam** conhecimento. No contexto interno, **Criam** quando rompem paradigmas e inovam; **Codificam**, quando registram e mapeiam as bases de conhecimento, criando uma memória organizacional; **Compartilham**, quando difundem o conhecimento, criando uma inteligência do negócio; e **Apropriam** quando acumulam conhecimento, gerando o capital intelectual [estruturação e retenção de talentos]. A organização pode também aportar conhecimento externo seguindo a mesma lógica. **Criam**, quando recrutam conhecimento externo com peritos e/ou consultores; **Codificam**, quando elaboram diagnósticos, estabelecem comunidades de práticas, estabelecem análises de setor ou buscam um *benchmarking*; **Compartilham**, quando trabalham com educação continuada e comunidades de prática; e **Apropriam**, quando são reconhecidas de diferentes formas: prêmios, *feedbacks* de *stakeholders*, entre outros (SABBAG, 2007).

Mintzberg et al (2006, p.181) diz que "[...] a mudança não pode ser administrada, pode apenas ser conduzida [...]", tal afirmação implica em dar destaque para a capacidade humana demandada para a condução da mudança, exigindo dos gestores uma diferenciada capacidade cognitiva. Tratando-se de estratégia, o conhecimento cria o mundo, entretanto, esse processo inclui a capacidade de processar informações para a tomada de decisões, o que inclui a organização das informações. Tomando por base a gestão estratégica como um processo contínuo e interativo que visa manter uma organização como um conjunto apropriadamente integrado a seu ambiente, os gestores têm como desafio a tomada de decisões. Para tal, precisam buscar evidências de suporte, ou seja, ter disposição para reunir fatos que levem a conclusões, diversificando os critérios de decisão e incorporando novas informações e evidências. Assim, desenvolvem uma percepção seletiva que não subestima as incertezas.

A gestão estratégica é um processo contínuo que consiste em uma série de etapas que são repetidas ciclicamente. Veja a seguir:

■ Ciclo da Gestão Estratégica. | Fonte: Adaptado de Certo et al, 2005.

O ciclo da gestão estratégica é iniciado na análise do ambiente. Esta fase inicial consiste em monitorar o ambiente organizacional para identificar as oportunidades e os riscos atuais e futuros, incluindo os fatores internos e externos que podem influenciar na realização dos objetivos.

A segunda etapa consiste no estabelecimento da diretriz organizacional, ou seja, a determinação da meta da organização. Nesta etapa, definem-se os dois principais indicadores organizacionais, missão e visão, e ajusta-se a proposta de valores.

Na terceira etapa, busca-se a formulação da estratégia, que é então definida como um curso de ação para garantir que a organização alcance seus objetivos. Com base na estratégia, a empresa pode traçar cursos alternativos de ação, assegurando o sucesso da organização.

A implantação da estratégia, considerada a quarta etapa, insere a estratégia definida na gestão estratégica da organização. Esta etapa requer um esforço significativo da empresa no sentido de garantir:

- as mudanças internas necessárias quando se implementa uma nova estratégia;
- a adequação da cultura organizacional a fim de minimizar impactos na implementação estratégica;
- a inter-relação de estruturas organizacionais e implementação estratégica;
- a consideração em relação às múltiplas abordagens do administrador; e a capacitação das pessoas envolvidas no processo.

Por fim, a quinta e última fase traz o controle estratégico como um controle especial que se concentra no monitoramento e na avaliação do processo de gestão estratégica para a sua melhoria e funcionamento adequado.

Embora o ciclo da gestão estratégica pareça claro e simples, implementá-lo, em qualquer organização, é geralmente complexo. Entretanto, quando desenvolvido corretamente, o ciclo da gestão estratégica traz para a organização muitos benefícios, incluindo a garantia de sustentabilidade.

Os principais benefícios são os apresentados na figura a seguir.

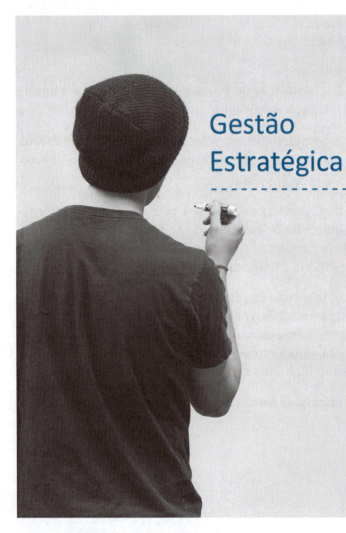

■ Benefícios da Gestão Estratégica | Fonte: Adaptado de Certo et al, 2005.

Quanto à abordagem da relação das áreas funcionais com as estratégias organizacionais, pode-se observar que há uma tendência a destacar as áreas de finanças, operações ou produção e marketing como as mais estratégicas. Esta visão pode ser considerada tradicional e não consensual, pois alguns autores argumentam que as áreas de recursos humanos e pesquisa e desenvolvimento também se constituem como estratégicas. Independente da abordagem, todas as áreas de uma organização devem subordinar seus interesses ao interesse geral da empresa, buscando a sustentabilidade e a competitividade.

É indispensável discutir uma análise mais ampla do impacto social das organizações, incluindo questões relativas à reputação e identidade, além de questões éticas que envolvam a vantagem competitiva entre empresas e o relacionamento com seus *stakeholders* (BULGACOV *et al*, 2007).

"[...] todo conhecer é um fazer [...].

Trata-se do ato de sair do que até esse momento era invisível ou inominável, o que permite ver que, como seres humanos, só temos o mundo que criamos com os outros"

(MATURANA, VARELA, 2001, p. 268)

Cabe entender que todo conhecimento estrutura-se na ação, e só se constitui como fenômeno social quando admite a aceitação do outro. Quando desejamos construir um projeto comum, tal como o alcance de uma estratégia, devemos aceitar as contradições e as oposições que emergem em meio ao fenômeno da gestão estratégica.

A atitude dos participantes deve ser a de admitir que um ponto de vista é um resultado de um acoplamento estrutural no domínio experiencial. Não há pior ou melhor ponto de vista, e sim o ponto de vista mais adequado à dinâmica da gestão organizacional, cabendo a busca por uma perspectiva mais abrangente, de um domínio experiencial que contemple a multiplicidade de saberes. Tal contemplação produz a reflexividade, conduzindo a uma perspectiva mais ampla.

O conhecimento e a ação compartilhada criam engajamento e comprometimento.

***Planejamentos descritivos não são cumpridos, planejamentos colaborativos são compartilhados, validados, e, portanto, mais efetivos.**

Capítulo 3

Como anda o Planejamento Estratégico?

Existem muitas referências e/ou instrumentos que nos ajudam a chegar ao lugar desejado. Uma possibilidade de referenciamento é o **Mapa**.

Tal metáfora se alinha com a concepção de planejamento estratégico. O planejamento ajuda a comunidade de exploradores a alinhar os diferentes Mapas e tem um papel fundamental de guia para o gestor. Assim, assumimos que o gestor tem o papel decisivo de guiar sua equipe pela trilha da estratégia.

Na década de 1950, o termo planejamento estratégico aparece pela primeira vez. O surgimento decorre da necessidade de organizações diversas resolverem dilemas técnico-econômicos de oferta de produtos ao mercado. Nas décadas de 1960 e 1970, o planejamento estratégico chega ao apogeu tendo sido desenvolvidos, no período, conceitos, definições e modelos diversos. Neste período, também o estrategista assume um papel de destaque (VOLTOLINI, 2004).

Ao trilhar um caminho, conhecido, devemos ter instrumentos de

mais conhecido ou menos sempre referências e/ou direcionamento.

O principal teórico do planejamento estratégico foi Igor Ansoff, referência da escola de planejamento. Este autor desenvolveu, na década de 1960, o planejamento como um processo formal, que estabelece objetivos e fixa programas de ação e estratégias funcionais. Enfatizava que o processo estratégico era racional e orientado para o planejamento, sendo contrário ao conceito de estratégia desenvolvido pelos estudos de Harvard, que viam a estratégia como um gerenciamento amplo da política de negócios (BULGACOV et al, 2007).

A partir da década de 1960, segundo Ansoff e McDonnell (1993), observa-se um crescimento exponencial de novos produtos ou serviços e de novas tecnologias, trazendo para o ambiente organizacional as seguintes consequências:

- dificuldade crescente de antecipação às mudanças — o planejamento não oferecia respostas oportunas;

- necessidade de aceleração na implantação de respostas;

- necessidade de flexibilidade e respostas oportunas para surpresas não identificadas antecipadamente.

A década de 1970 foi marcada pela estagnação e alta inflação, o que fez com que as organizações passassem a adotar estilos mais conservadores. Observa-se uma adoção de estratégias baseadas no gerenciamento de portfólio, com a criação das Unidades Estratégicas de Negócios (UENs) (ANSOFF; MCDONNELL, 1993; BULGACOV et al, 2007).

Na década de 1980, observa-se um aumento da competição internacional, passando a estratégia financeira a figurar como a mais relevante na agenda das organizações. Já nos anos 1990, a rápida e descontínua mudança econômica e política no ambiente internacional apresenta um ambiente carregado de incertezas, demandando um redirecionamento estratégico voltado à formação de alianças, mudanças tecnológicas e reestruturação contínua.

Ao final da década de 1990, Kaplan e Norton realizaram um projeto de pesquisa envolvendo várias empresas. Nessa pesquisa, eles buscavam novas maneiras de medir o desempenho organizacional, pois acreditavam que o conhecimento — pessoal e tecnológico — era cada vez mais importante para a competitividade das organizações.

Uma outra perspectiva que os instigou à pesquisa foi o fato de que a gestão carecia de instrumentos de mensuração para a sua eficiência e eficácia, pois "os relatórios financeiros tradicionais não forneciam fundamentos para a mensuração e gestão de valor criado pelo aumento das habilidades dos ativos intangíveis da organização" (KAPLAN, NORTON, 2004). O projeto analisou 12 organizações que tinham resultados diferenciados, e buscava compreender seus funcionamentos a fim de estabelecer um modelo de Medição de Desempenho para o Século XXI. Os pesquisadores identificaram que as organizações estudadas não mais se amparavam em um modelo de desempenho financeiro, mas dispunham, sim, de uma representação equilibrada de indicadores financeiros e operacionais.

No final do projeto, a partir dos questionamentos e de suas respostas, surgiu o **Balanced Scorecard**.

Na atualidade, observa-se certo aumento na busca de explicações interdisciplinares e multiparadigmáticas para o impacto dos elementos ambientais, o crescimento dos estudos de redes interorganizacionais e outros formatos híbridos. Observa-se ainda um interesse por assuntos relacionados às questões da sustentabilidade global (BULGACOV *et al*, 2007). Todos esses interesses são contemplados para o desenvolvimento de organizações orientadas para a estratégia e, para que a organização consiga descrever e visualizar a estratégia, demanda a elaboração de Mapas estratégicos, o que é, para nós, sinônimo de planejamento estratégico quando utilizamos o BSC.

Em todas estas décadas, com maior ou menor intensidade, o planejamento estratégico figurou como uma ferramenta importante no processo de gestão das organizações. Para Costa (2007), planejamento estratégico é um plano, utilizado como ferramenta no processo de gestão estratégica. Para Tenório (2006), o planejamento é um processo que estabelece, com antecedência, a finalidade da organização, escolhe os objetivos, e prevê as atividades e os recursos necessários para atingi-los. Em outras palavras, o planejamento estratégico é "[...] voltado para a visão ampla, global e de longo alcance da organização, baseado na análise do contexto" (p. 28).

BSC
Sistema baseado na representação equilibrada de indicadores

Sistemas Complexos não podem ser controlados por apenas um indicador, e o excesso pode tornar o sistema incontrolável

Em função da grande variedade de metodologias e aplicações, muitos conceitos foram desenvolvidos, não cabendo aqui tratar exaustivamente da definição desta ferramenta. Vale ressaltar que, na perspectiva evolucionária anteriormente apresentada, o planejamento estratégico ganha relevância e deve ser utilizado, conforme a visão geral apresentada na página 51.

Neste sentido, destacam-se quatro aspectos que devem ser cuidadosamente elaborados em todo planejamento estratégico: a análise do ambiente; a formulação estratégica; os planos estratégicos; e o monitoramento do plano.

As informações analisadas e organizadas devem ser estruturadas em um plano. O planejamento estratégico fornece desafios para a organização, bem como objetivos e metas a serem atingidos ao longo do horizonte de tempo do planejamento. Os objetivos e metas propostos referem-se aos parâmetros-chave que se pretende atingir, sejam eles qualitativos ou quantitativos.

Análise do Ambiente
Análise dos pontos fortes e fracos e das ameaças e oportunidades, avaliando cuidadosamente a conjuntura;

Formulação Estratégica
1- Excelência operacional (baixo custo)
2- Diferenciação (intimidade com o cliente ou liderança do produto)
3- Aprisionamento — lock in (aceitação de padrões)

Planos Estratégicos
Planos ou Mapas estratégicos específicos que representam as proposições de valores

Monitoramento do Plano
Acompanhamento dos objetivos, metas, projetos e indicadores — mensuração e ajustes

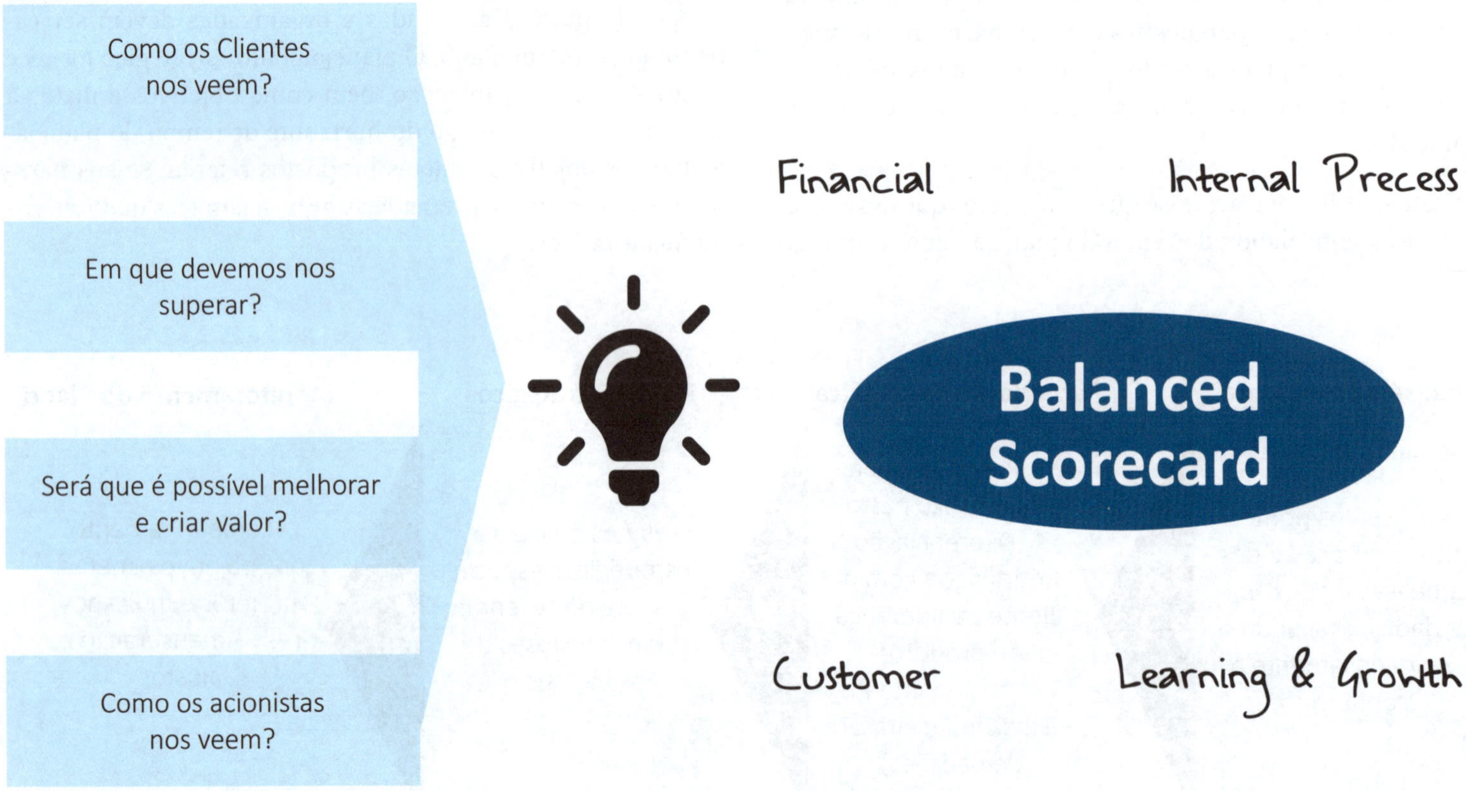

Como os Clientes nos veem?

Em que devemos nos superar?

Será que é possível melhorar e criar valor?

Como os acionistas nos veem?

Financial

Internal Precess

Balanced Scorecard

Customer

Learning & Growth

"O BSC é um modelo de gestão que auxilia as organizações a traduzir a estratégia em objetivos operacionais e que direciona o comportamento e o desempenho de uma organização."

KAPLAN E NORTON (2004)

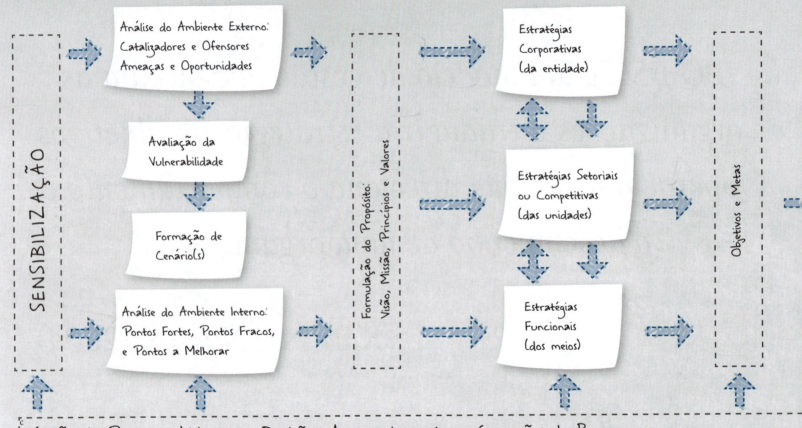

Projetos e Planos de Ação

Orçamentos, Receitas, Despesas e Investimentos

Cronograma de Implantação

■ Visão geral do planejamento estratégico | Fonte: Adaptado de Costa, 2007.

Qualquer que seja a intensidade, abrangência, profundidade e extensão de um diagnóstico, das análises e das formulações estratégicas, faz-se necessária a produção de um documento que sintetize as considerações e conclusões do trabalho, assim a empresa deve formular o plano estratégico. Cada empresa, a depender do seu segmento e das suas especificidades, pode adotar um modelo distinto de plano estratégico que possa ser executado, acompanhado, mensurado e controlado.

O planejamento deve ser um processo de aprendizagem a respeito da organização que exige desta a capacidade de fazer julgamentos objetivos e subjetivos. O planejamento permite a antecipação às mudanças a partir da percepção de oportunidades previamente identificadas, o que pode garantir sua sustentabilidade (TENÓRIO, 2006; COSTA, 2007).

Para responder à questão que se coloca neste capítulo — como anda o planejamento estratégico? —, podemos dizer que a propositura de Mapas explicita o Planejamento de uma organização de qualquer natureza.

O Planejamento Estratégico materializado se transforma em um Mapa, que dá direcionamento ao Gestor e a sua equipe. Portanto, cabe-nos explicar mais detalhadamente a concepção de Mapa, que é um instrumento de direcionamento que guia a equipe pela trilha da estratégia, pois tal instrumento ajuda a comunidade de exploradores (gestores e equipes) a alinhar os diferentes Mapas mentais, transformando-os em um só.

O Mapa Estratégico é a essência da gestão estratégica. É ele que ajuda a Gestão Estratégica a realizar o contínuo monitoramento dos resultados da organização, de forma que essa possa garantir as adaptações necessárias e requeridas pelo meio ambiente (HERRERO FILHO, 2005).

Um Mapa bem construído proporciona aos exploradores aprendizagem e simplificação por meio da visualização, interação no processo de construção e melhoria no processo de comunicação.

Um Mapa Estratégico é a representação gráfica da estratégia, e favorece a visualização da relação de causa-efeito entre os objetivos selecionados. Os objetivos selecionados são estratégicos prioritários e se constituem como um conjunto integrado que descreve, conscientemente, a estratégia e representa o elo que sustenta sua formulação e execução (TORRES, TORRES, 2014). Todo Mapa estratégico baseado no modelo do BSC é orientado pelas seguintes perspectivas:

Kaplan e Norton (2004) apresentam o Mapa Estratégico baseando-se nos seguintes princípios: a estratégia equilibra as forças contraditórias; a estratégia baseia-se em proposições de valor diferenciadas para o cliente [Excelência operacional — baixo custo; Diferenciação — intimidade com o cliente ou liderança do produto; aprisionamento de sistemas — lock-in — aceitação de padrões]; a estratégia cria valor por meio do alinhamento dos processos internos; e a estratégia

Financeira

Contribui para a melhoria dos resultados financeiros da empresa

Clientes / Mercado

Orienta as táticas escolhidas para a prospecção de mercados e clientes

Processos Internos

Orienta o desempenho das atividades internas que estão ligadas à execução das táticas escolhidas para atingir as metas

Aprendizado e Crescimento

Avalia e mensura o resultado da integração do capital humano com o tecnológico a fim de garantir a aprendizagem para execução da estratégia compõe-se de temas complementares e simultâneos [determinação de valor para os ativos intangíveis — capital humano, capital da informação e capital organizacional].

Por fim, destacamos que a ferramenta do planejamento estratégico, apesar de ser amplamente difundida em todo o mundo, sofre do mesmo mal de muitos conhecimentos produzidos pela ciência ao longo dos anos: o da "popularização sem sustentação". Ou seja, muitos dizem utilizar um planejamento estratégico, mas o que fazem na verdade é a elaboração de frases sem conexão, metas sem alinhamento organizacional, objetivos sem sinergia e, principalmente, planos que não refletem a vontade da organização.

O problema neste caso não está no uso da ferramenta, mas no seu uso sem o conhecimento mínimo necessário. É por isso que, ao propormos uma nova ferramenta, precisávamos rever conhecimentos básicos de estratégia para que o seu funcionamento seja efetivo. Além disso, é importante destacar que o planejamento em si — como já apresentamos anteriormente — figura apenas como uma das ferramentas de um modelo de gestão estratégica. Desta forma, ele deve obrigatoriamente ser acompanhado da execução, do monitoramento e da avaliação, para que uma organização possa ser guiada por uma gestão verdadeiramente estratégica.

Estas observações são importantes para compreendermos que um processo de gestão estratégica é complexo e envolve diferentes variáveis que favorecerão o seu funcionamento, ou podem configurar como elementos dificultadores da gestão. Utilizar coerentemente todas as ferramentas disponíveis, buscando a otimização dos resultados organizacionais e a satisfação da equipe, é peça-chave para o sucesso organizacional.

Capítulo 4

Qual é o Papel do Gestor?

Toda trilha, orientada por um Mapa, pode ser percorrida sozinha, mas ter companhia ajuda a tornar a trajetória mais agradável. Existem muitas trajetórias para o processo estratégico. Mintzberg, Ahlstrand e Lampel (2000) nos apresentaram em seu livro *Safári de Estratégia* dez escolas — três prescritivas e sete descritivas, cada uma delas com diferentes dimensões. Entretanto, há dois atores que perpassam tais dimensões — gestor e equipe. Os autores usam uma pertinente metáfora para falar de tais atores — comunidade de exploradores.

Tal metáfora se alinha com a concepção de um processo de estratégia concebido e entendido como uma trilha. Há na comunidade de exploradores um ator que tem um papel fundamental de guiamento: o Gestor. Assim, assumimos aqui que o gestor tem o papel decisivo de guiar sua equipe pela trilha da estratégia.

Esperamos que você, após esta leitura, possa conhecer a importância do gestor para: a disseminação do conhecimento; o desenvolvimento da cognição individual para cada membro da equipe; a articulação para a interação grupal; e a resolução de conflitos.

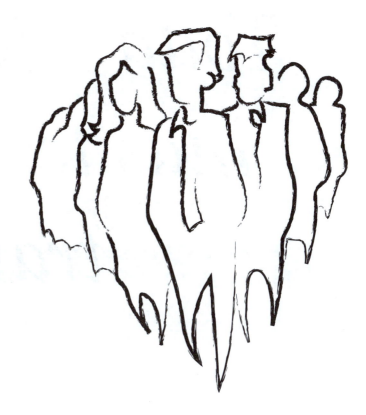

Toda trilha pode ser mas ter companhia trajetória mais

percorrida sozinha, ajuda a tornar a agradável.

Quando se associa a estratégia à gestão, alguns questionamentos são apresentados, são eles:

1. Qual é o papel do gestor?
2. O gestor é um indivíduo que resolve problemas ou é um visionário?
3. O que fazem os gerentes gerais?

Para explicar um pouco mais sobre este papel, iniciamos com um fato ocorrido na história recente. No dia 13 de janeiro de 2012, um navio de cruzeiro (Costa Concórdia) navegava junto à costa da Itália quando bateu em algumas rochas subaquáticas. No momento da colisão, o capitão da embarcação informou à sua tripulação que havia um problema no gerador de força do navio e em pouco tempo a energia seria restabelecida.

Contudo, o navio estava naufragando. Havia rachaduras no casco e o navio começou a virar na costa. O capitão fugiu e, naquela noite, das 4.000 pessoas que estavam a bordo, 32 morreram e mais de sessenta ficaram feridas. O capitão foi condenado pela justiça a 16 anos de prisão e impedido de atuar profissionalmente como tal por cinco anos. Além disso, ficou conhecido em todo o mundo como o "capitão covarde" por ter abandonado o navio antes dos passageiros e da tripulação.

Você deve estar pensando: qual é a relação deste fato com a estratégia? A resposta é: tudo!

Um capitão tem as mesmas funções de um gestor na organização. É ele o responsável pela condução das ações de seus liderados, servindo de inspiração e sendo de confiança de todos nos momentos de tribulação. Sendo assim, no que tange à gestão estratégica, será dele a iniciativa de implantação, análises e monitoramento. Sem um comandante, a organização pode demorar muito tempo para as respostas que são necessárias ao mercado, e principalmente no que se refere ao seu futuro.

Apenas para fecharmos o assunto, se o comandante tivesse informado a toda sua tripulação sobre a colisão, organizado o processo de saída de todos os tripulantes do navio e avisado as autoridades em tempo hábil, talvez o incidente não tivesse causado tantas vítimas e prejuízos.

Besanko *et al* (2006) trazem uma retrospectiva histórica para refletir sobre o papel do gestor no processo estratégico. Segundo os autores, as primeiras referências a gestores apareceram nos periódicos de engenheiros de estradas de ferro e estavam relacionadas à sua expansão nos Estados Unidos, no século XVIII.

A partir de 1900, quando as grandes corporações começam a se desenvolver, há uma referência do gerente geral como detentor da experiência que reduzia os riscos das decisões no mercado. Nesse sentido, este "ator" ganha relevância no cenário empresarial, despertando o interesse entre estudantes, observadores e críticos de negócios.

Apesar do interesse despertado, vale ressaltar que presumir que os gestores controlam todas as atividades estratégicas de uma unidade de negócio é uma visão simplista, pois a concentração de todas as atividades seria estressante para o indivíduo e ineficiente para a empresa. Esta visão pode ser identificada na escola empreendedora.

A simplificação será adotada nesta etapa, apenas para reforçar a importância de uma liderança atuante e centrada no processo de formulação e implementação de estratégias. Cabe entender que estas características destacadas podem ser atribuídas aos gestores ou a uma equipe de alta gerência.

Em relação aos papéis desenvolvidos por um gestor, o primeiro a ser destacado é o empreendedor. Neste sentido, o gestor é um empresário/empreendedor que cria e muda a posição fundamental da empresa em seus mercados.

O segundo papel destacado para este "ator" é o de organizador/implementador, pois cabe a ele estabelecer uma divisão de trabalho e coordenar a alocação da tomada de decisão. Nesta etapa, o seu papel se subdivide em outros:

➤ **Contratante:** equilibra incentivos e contribuições em acordos formais com empregados, compradores, fornecedores e outros *stakeholders*;

➤ **Detentor de poder:** utiliza bases variadas de influência;

➤ **Facilitador:** usa habilidades interpessoais para criar relações e assegurar acordos, mesmo na ausência de contratos formais.

- **Concorrente:** adapta atividades de outras empresas do setor às da empresa;

- **Adaptador:** reajusta os ativos e comprometimentos da empresa em resposta às mudanças significativas nas condições dos negócios;

- **Agente:** presta contas de seus atos a acionistas ou até mesmo à sociedade.

Há de se considerar que, no desempenho destas funções, o gestor vive constantes tensões. As tensões podem ser gerenciadas, mas nunca serão totalmente eliminadas, pois esta é a dinâmica de uma posição gerencial. Uma das mais importantes atividades do gestor é integrar funções contrastantes ao nível da empresa, o que gera tensão.

Outro fator gerador de tensão é gerenciar diferentes interesses de diferentes indivíduos em diferentes áreas funcionais sob um único conjunto de políticas e procedimentos. Assim também se coloca como desafio a integração de estratégias de portfólio corporativas.

Os gestores têm tido que ajustar seus papéis às conduções tecnológicas, regulatórias e competitivas mutantes, reportando-se permanentemente como agentes aos acionistas para prestar contas dos seus atos (*accountability*), e a outros *stakeholders* para condução de negócios da empresa.

Em linhas gerais, Ansoff (1990) atribui ao gestor os papéis apresentados a seguir.

Papéis do gestor
Fixação dos objetivos para dada área de atividade empresarial
Percepção e diagnóstico de problemas e oportunidades
Geração de resposta aos problemas e oportunidades
Análise das prováveis consequências das linhas de ação
Seleção de alternativas
Liderança na implementação, incluindo comunicação e motivação
Mensuração do desempenho
Observação de tendências e possíveis descontinuidades

■ Papéis do Gestor na visão de Ansoff. | Fonte: Ansoff, 1990

Não existe um perfil ou tipologia de gestor ideal. A complexidade dos problemas e a intensificação da tecnologia requerem gestores com habilidades cada vez mais diversificadas, pois em linhas gerais o trabalho da administração geral, ou estratégica, tem crescido e se tornado múltipla e complexa, o que aponta para uma necessidade de compartilhamento das responsabilidades e tomada de decisão nas organizações, além de uma postura de cooperação.

Para Kaplan e Norton (2004), a execução da gestão estratégica implica na adoção de cinco princípios gerenciais. São eles:

| Traduzir a estratégia em termos operacionais | → | Alinhar a organização à estratégia | → | Transformar a estratégia em tarefa de todos | → | Converter a estratégia em processo contínuo | → | Mobilizar a mudança por meio da liderança executiva |

Tais princípios garantem que o gestor mantenha a organização orientada para a estratégia. Quando retornarmos às questões iniciais deste capítulo: *Qual é o papel do gestor?*; *O gestor é um indivíduo que resolve problemas ou é um visionário?*; e *O que fazem os gerentes gerais?* Devemos reconhecer que o papel do gestor é o papel de orientador, de modo que os resultados organizacionais se sustentem na descrição, mensuração e gestão da estratégia, conforme apresentado a seguir:

É o gestor que pode garantir o alinhamento estratégico, pois a obtenção de resultados notáveis depende do capital humano, da qualidade das informações e do capital organizacional. Os três ativos intangíveis devem ser alinhados com a estratégia, a fim de criar valor para a organização. O alinhamento estratégico é o princípio dominante na criação de valor. Ao desenvolver, alinhar e interagir os capitais humanos, informacionais e organizacionais, as empresas geram retorno para seus ativos intangíveis e acabam por compatibilizá-los com seus processos críticos.

Para Kaplan e Norton (2004), o alinhamento é a condição necessária antes do empoderamento da equipe, pois a mudança organizacional exige que os membros da equipe tenham propósitos comuns, visão compartilhada e compreensão de como suas funções pessoais suportam a estratégia organizacional.

Uma organização alinhada estimula o engajamento profissional, a inovação e a tomada de risco. Isto ocorre porque orienta as ações individuais para a consecução de objetivos de alto nível. Para que o alinhamento ocorra, faz-se necessário promover a conscientização e instituir incentivos. Cabe ao gestor:

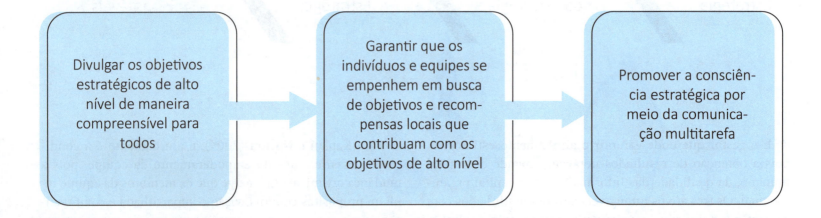

O alinhamento permite resultados notáveis, mas é preciso reconhecer ainda a influência da cultura e do trabalho em equipe, o que torna a sensibilidade da liderança um fator muito relevante nos contextos de gestão estratégica.

Se o papel do gestor é alinhar, nos cabe agora responder: O gestor é um indivíduo que resolve problemas ou é um visionário?

O gestor deve reconhecer que a gestão estratégica nos contextos organizacionais exige uma excepcional capacidade de liderança em toda a organização, assim, as novas trajetórias da organização demandarão sistemas de gestão da comunicação e do desempenho alinhados com as realizações almejadas, requerendo trabalho e aprendizagem em equipe. Nesse contexto, projeção e resolução de problemas se mesclam, e demandam que o gestor seja visionário e também solucionador de problemas, de modo que possa conduzir a organização a um nível ótimo de funcionamento.

E, afinal, o que fazem os gerentes gerais? Esses garantem a implementação da gestão estratégica, prevendo e provendo recursos de toda ordem, recursos esses necessários à superação dos obstáculos que se opõem ao atingimento da estratégia organizacional. É ele que vai garantir a disseminação do conhecimento, o desenvolvimento da cognição individual para cada membro da equipe, a articulação para a interação grupal e a resolução de conflitos.

Cabe ao gestor a atuação simultânea em dois níveis: no atendimento das pessoas que lidera e no atendimento da missão e da visão que fundamentam a estratégia da organização.

"Pessoas comprometidas detêm o sentimento de visão compartilhada. Esse é o desafio gestor!"

O comprometimento da equipe depende do exercício gestor. Há fatores que são decisivos para o sucesso organizacional: a influência moral do líder, os valores organizacionais, o posicionamento visionário, a equilibrada relação que se estabelece com o ambiente externo, a inteligência de mercado para reduzir as vulnerabilidades frente às ameaças e oportunidades que se impõem, o conhecimento dos pontos fortes e fracos do ambiente interno, e o domínio dos princípios que norteiam a estratégia.

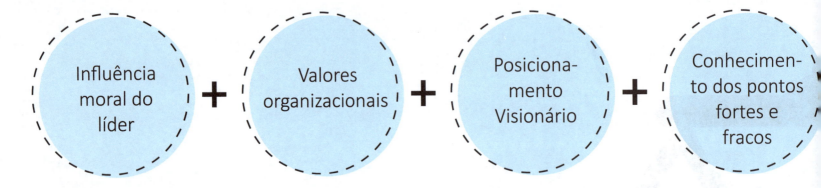

Mas então o que garante o sucesso e implantação bem-sucedida de uma estratégia? Onde estão localizados os problemas? Kaplan e Norton (2004) apontam alguns fatores relevantes para a reflexão, pois não há uma única resposta, e sim um conjunto de fatores interligados que envolvem questões multifacetadas. Pode-se e deve-se atribuir relevância para a abstração da estratégia competitiva; para as dificuldades da organização em traduzir a estratégia em objetivos, metas e indicadores; para as limitações de entendimento das pessoas em relação ao significado da estratégia; para a dificuldade de estruturar um sistema gerencial; e para a dificuldade na mensuração de efetividade. Todos esses fatores são pontos de atenção para o bom desempenho do papel do gestor.

A liderança deve ser pensada estrategicamente na organização, tendo em mente a complexidade das relações interpessoais e a importância do direcionamento para que as equipes possam trabalhar de forma efetiva. Em uma gestão verdadeiramente estratégica, o gestor deve estar pronto para exercer este legado, de mobilizador e facilitador do processo de elaboração da estratégia, atuar de maneira que a execução seja garantida a partir dos padrões estratégicos adotados, e monitorar e avaliar os resultados a fim de permitir que a organização continue nos caminhos delineados.

Ao apresentarmos a ferramenta do **Strategic Canvas**, você será capaz de compreender a importância do gestor neste processo, não como um chefe, mas como um líder que inspira na sua equipe o senso de sinergia e alinhamento necessário para altos níveis de engajamento e trabalho colaborativo

Cada gestor deve buscar ferramentas que o auxilie no processo de formulação e estruturação da estratégia organizacional.

Não existe melhor ou pior ferramenta de planejamento estratégico.

Há sim a ferramenta adequada à natureza da organização e ao padrão de condução do gestor.

*Assim, oferecemos para você, leitor,
o* **STRATEGIC CANVAS,**
uma ferramenta interativa que o ajudará na estruturação do seu Mapa Estratégico!

Capítulo 5

O que é o Strategic Canvas?

Até o momento, tudo o que apresentamos neste livro teve como função relembrar conceitos e reflexões sobre as temáticas que envolvem o direcionamento da estratégia organizacional. Sem a pretensão de cobrir todo o campo de estudo, que é vasto e dinâmico desde as concepções sobre o que é estratégia e quais as interfaces que este conceito pode ter no contexto prático da organização, até os aspectos operacionais já discutidos aqui que se referem à gestão, ao planejamento e ao papel do gestor no delineamento estratégico da organização.

"O Mapa é aberto, é conectável em todas as suas dimensões, desmontável, reversível, suscetível de receber modificações constantemente. Ele pode ser rasgado, revertido, adaptar-se a montagens de qualquer natureza, ser preparado por um indivíduo, um grupo, uma formação social. Pode-se desenhá-lo numa parede, concebê-lo como obra de arte, construí-lo como uma ação política ou como uma meditação" (DELEUZE & GUATTARI, 1995, p.22)".

Um planejamento (Mapa) vivo, que traduza as intencionalidades, vontades, desejos organizacionais e principalmente os direcionamentos necessários para a condução das atividades diárias. Muito mais do que um documento para ser apresentado, o planejamento deve ser entendido como as explicitações das intencionalidades, da política, do poder e da cultura de uma organização.

Nesta trajetória de descobertas e escolhas sobre o que fazer e o que não fazer em busca da melhor forma e do melhor caminho do direcionamento organizacional, é necessário um Mapa, no seu sentido mais amplo, que se traduza no planejamento estratégico da organização.

Apesar de existirem inúmeras ferramentas para a elaboração da estratégia, nos propomos a apresentar neste livro uma nova, o **Strategic Canvas** (SCANVAS). Porém, antes desta apresentação e orientação para utilização, precisamos explicar o porquê do uso de mais uma ferramenta, tendo em vista que já existem tantas outras disponíveis.

"O que vale na vida e sim a caminhada. semeando, no fim terás

*não é o ponto de partida,
Caminhando e
o que colher."*

Cora Coralina

Partimos da premissa de que o mundo altamente conectado, globalizado e dinâmico no qual vivemos hoje necessita de ferramentas que auxiliem os processos de gestão, tendo em vista a diminuição da morosidade do processo decisório, o engajamento de equipes, a compreensão da intencionalidade estratégica das organizações e a efetividade das tarefas. Desta forma, algumas ferramentas tradicionais têm enfrentado dificuldades em penetrar em ambientes organizacionais mais flexíveis, dinâmicos e interativos.

Em segundo lugar, alguns ritos organizacionais, como as reuniões, têm se mostrado espaços onde se é cada vez mais difícil manter a concentração das equipes em função de todo o aparato tecnológico que carregamos diariamente. A explosão dos aplicativos de comunicação on-line, redes sociais e todas as funcionalidades dos aparelhos eletrônicos dispersam a atenção e a concentração das equipes, surgindo a necessidade de instrumentos que permitam uma maior interação e concentração por meio de modelos mais atrativos.

Por último, as organizações precisam desenvolver a aprendizagem de suas equipes por meio de ferramentas pedagógicas que sejam direcionadas para o público adulto, despertando o seu interesse e facilitando o processo de internalização dos objetivos organizacionais. Neste sentido, a criação de um Mapa direcionando as ações organizacionais (mas acima de tudo as ações individuais) permitem a participação, o comprometimento e o entendimento dos caminhos a serem seguidos pela organização, ou seja, segundo a intencionalidade de todo Mapa, apresentar um caminho e direcionamento, alinhando aqueles que dispõem da representação.

O *Strategic Canvas*[1] consiste, basicamente, em duas telas com os elementos essenciais de um planejamento estratégico, ou de um Mapa Estratégico. As telas apresentam células que devem ser preenchidas pela equipe em reuniões colaborativas, interativas e participativas em que todos contribuem no processo de construção da estratégia organizacional.

Apesar de a utilização das ferramentas visuais como o Canvas ser recente, e ter sido impulsionada principalmente pela publicação do livro *Business Model Generation* (OSTERWALDER e PIGNEUR, 2011), que apresentou ao mundo uma forma mais fácil de modelagem de negócios, há muito já se discutia no campo dos estudos organizacionais sobre o

---

[1] O termo Canvas origina-se do inglês e significa "tela de pintura", ou tela em branco. A ferramenta poderia ser traduzida como "Estratégia em uma tela", mas optamos por permanecer com o nome em inglês em função da capacidade de abrangência do idioma, além de o ambiente organizacional estar familiarizado com as terminologias da língua.

mapeamento do pensamento e a modelagem mental. Estas discussões foram categorizadas por Mintzberg; Ahlstrand; Lampel (2000) como fazendo parte da escola cognitiva da formulação estratégica (*vide capítulo 1 do livro*). Nesta escola ou campo de estudo, os autores se preocuparam em delinear como as estratégias são elaboradas e transmitidas para a organização. Os principais estudos nesta área foram iniciados na década de 1990, quando os pesquisadores da área da Administração começaram a se preocupar com questões relacionadas à formação do conhecimento, aprendizado e processos mentais, aspectos até então pouco difundidos nesse campo.

Além disso, os cognitivistas desenvolveram suas pesquisas preocupados com questões relacionadas a: percepção e interpretação; atenção; memória; representação do conhecimento e aprendizado; resolução de problemas e cognição social. Sendo que as ferramentas mais importantes nestes estudos são as representações visuais ou Mapas (HUFF, 1990). Neste sentido, os Mapas são representações da realidade, ou "navegação através de um terreno confuso com algum tipo de modelo representativo" (MINTZBERG; AHLSTRAND; LAMPEL, 2000, p. 122), e possuem distintos propósitos, tais como: avaliar a atenção, associação e importância de conceitos; mostrar dimensões de categorias cognitivas; mostrar influência, causalidade e dinâmica do sistema; apresentar a estrutura de raciocínio e decisão e Mapas que especificam esquemas, enquadramentos e códigos perceptuais (HUFF, 1990).

O *Strategic Canvas* é um Mapa com um objetivo: apresentar de forma estruturada e sistemática a cadeia de decisão estratégica da organização. Tal estrutura deve ser orientadora de todos. Você deve estar se perguntando: Mas este não é o objetivo de todo planejamento estratégico? Qual é a diferença então do SCANVAS? Você está parcialmente correto na sua primeira indagação; os planos estratégicos deveriam ter como objetivo apresentar um "Mapa" para a organização. Contudo, a sua apresentação por meio de relatórios, módulos ou até mesmo tabelas dificulta o entendimento e internalização de todos na organização. Esta é a principal diferença: a representação. O SCANVAS é literalmente um Mapa, que pode ser exposto na parede da organização e permitir a visualização e internalização das orientações por todos.

Para reforçar, vamos apresentar algumas premissas que permeiam a utilização desta ferramenta e porque acreditamos na sua efetividade nas organizações.

Strategic Canvas

PLANNER

VALORES

OPORTUNIDADES

MISSÃO

AMEAÇAS

VISÃO

FORÇAS

PROBLEMAS

UNIDADE

ESTRATÉGIAS | **OBJETIVOS** | **METAS**

1

2

3

4

5

EQUIPES

STRATEGIC CANVAS

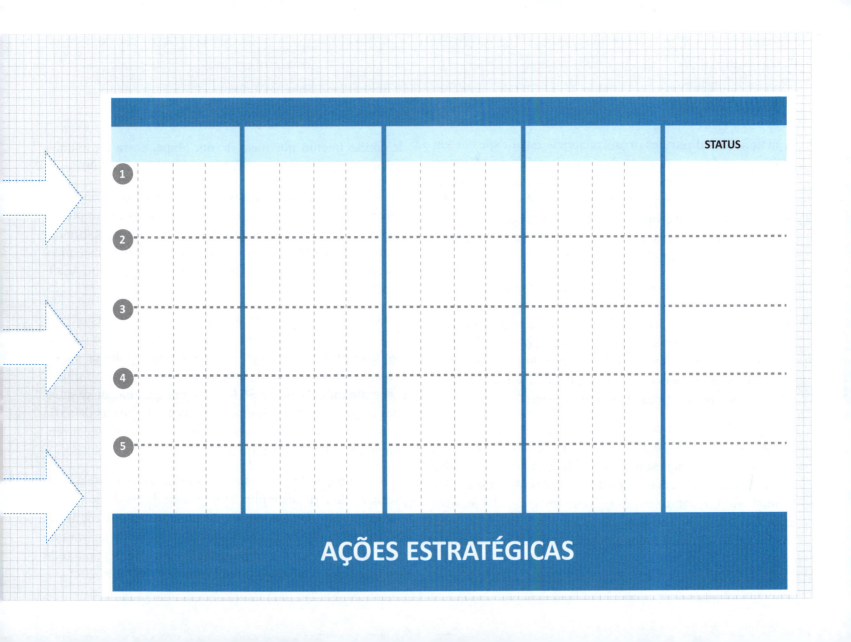

Visualização

A maioria das diretrizes organizacionais estão expostas em manuais, cadernos, documentos ou relatórios, que formam um amontoado de papéis muitas vezes pouco acessados pelos que compõem uma organização. Por exemplo, se sou do departamento de marketing, só me interessarei pelas diretrizes do meu setor. Não há alinhamento individual à estratégia e à equipe, e perde-se em direcionamento.

Aí está o grande problema! As organizações precisam desenvolver em todos os seus colaboradores uma visão estratégica organizacional. Senge (2004) aponta a necessidade do desenvolvimento da visão compartilhada como um elemento essencial para o desenvolvimento do pensamento sistêmico. Ou seja, se as pessoas não compartilham objetivos na organização, não podem pensá-la sistemicamente.

Além disso, o grande objetivo de um plano, planejamento ou Mapa é que todos o acessem e o conheçam. No entanto, se as pessoas não acessam ou têm dificuldades em entender o plano, eles não podem segui-lo. O SCANVAS busca solucionar esse problema com uma ferramenta visual e atrativa para facilitar a compreensão de todos na organização. Essa visualização oferece a todos a possibilidade de transferência de conhecimento por meio de um Mapa, entre indivíduos, grupos e departamentos (EPPLER e BURKHARD, 2007).

A linguagem visual possui grande influência no nosso processo de memorização e motivação, além de ampliar o engajamento da equipe no processo de elaboração, estimular a imaginação, desenvolver o pensamento global (sistêmico) e servir de suporte à memória de grupo e à produtividade (SIBBET, 2013).

Os benefícios da utilização de uma ferramenta visual para elaboração do planejamento estratégico da empresa são claros. Compare a tradicional imagem de uma pilha de papéis e documentos em cima de uma mesa com um quadro interativo e dinâmico, como o SCANVAS: em qual das duas situações as pessoas prestariam mais atenção? O que as deixaria mais motivadas? Esperamos que esses argumentos convençam você, leitor, a utilizar o SCANVAS.

A facilitação do processo de visualização permite a compreensão do todo, a ampliação das habilidades de percepção e a superação das limitações de memorização e cognição. Os designs tradicionais são absorvidos diante de um mundo cada vez mais visual e com estímulos que competem a todo instante com os modelos tradicionais (MUNZNER, 2015).

Ao longo de nossa experiência profissional, participamos de inúmeras reuniões de planejamento, e após as primeiras horas não conseguíamos manter a disposição para o trabalho e a motivação. O uso do SCANVAS tem demonstrado sua efetividade quando os participantes sentem-se estimulados, pelos quadros e notas adesivas, a concluir o trabalho.

Aprendizagem e simplificação

A segunda premissa para a utilização do SCANVAS é a promoção da aprendizagem pelo processo de simplificação. O nosso cérebro é um emaranhado de conexões que a todo instante realiza diferentes associações."Quanto mais aprendemos, mais conexões fazemos" (DELL'ISOLA, 2012). Somos constantemente bombardeados com milhares de informações e temos que filtrar todas para desenvolver o conhecimento. Quando aplicadas ao desenvolvimento organizacional e profissional, estas conexões tornam-se ainda mais complexas.

Sob o mesmo ponto de vista, devemos promover mecanismos que facilitem o processo de aprendizagem nas organizações, sabendo que nossos modelos mentais determinam não apenas a forma como compreendemos o mundo, mas também como agimos (SENGE, 2004). Em segundo lugar, devemos lembrar que o processo de aprendizagem envolve motivações e é um processo constante em nossas vidas. No caso dos adultos, esse processo é autodirecionado (aprendemos aquilo que queremos) e emancipatório (aprendemos quando queremos).

Assim, a utilização de ferramentas que facilitem e motivem o processo de aprendizagem é fundamental para o desenvolvimento de profissionais mais reflexivos sobre suas atividades. O estímulo à criatividade, memorização, foco, atenção e velocidade de raciocínio é possível com as ferramentas visuais (EPPLER; BURKHARD, 2007; EPPLER; PLATTS, 2009; SIBBET, 2013). Os estudos no campo da neurociência têm apresentado grandes contribuições para o entendimento do funcionamento do nosso cérebro e, por conseguinte, sobre como melhorarmos os mecanismos de aprendizado. Sabe-se, por exemplo, que o cérebro possui especializações, ou seja, determinadas partes com funções específicas. Por exemplo, o hemisfério esquerdo do cérebro é especializado no pensamento lógico e linguagem, enquanto que o hemisfério direito lida com percepção visual, arte, criatividade e processamento holístico da informação. Ambos os hemisférios estão em constante comunicação através do corpo caloso, ou seja, de um lado, o processamento linear e sequencial, do outro o processamento holístico e global que interagem o tempo todo (MANES, 2015).

Desta forma, os processos de aprendizagem que utilizam os diferentes estímulos (lógicos, sequenciais, visuais, criativos) tendem a facilitar o processo de internalização e memorização, pois permitem a associação e conexão das informações. A capacidade de memorização está ligada ao processo de codificação (incorporar a informação registrada); de armazenamento (guardar a informação na memória até que se necessite dela); e de recuperação (recuperar a informação quando necessária)(MANES, 2015), a ferramenta do *Strategic Canvas* possibilita que este processo seja auxiliado através dos estímulos sequenciais, lógicos, visuais e criativos.

Adicionalmente, Schön (2000) acredita que o desenvolvimento profissional do indivíduo na organização, dentro do contexto em que estamos inseridos, diante de mudanças e altas demandas por capacidades de resposta, só é possível mediante um processo sistemático de reflexão. Tal processo pode desenvolver hábitos que possibilitem a sustentabilidade do constante processo de reflexão. Então, a elaboração de planos estratégicos exige um processo constante de reflexão sobre as ações, experiências e atividades futuras, em um processo que pode ser estimulado ou reprimido na organização, a depender dos modelos que são adotados. A ferramenta do SCANVAS possibilita que este processo seja auxiliado por meio dos estímulos sequenciais, lógicos, visuais e criativos.

Interação no processo de construção

O processo de elaboração das estratégias organizacionais passou de um modelo centrado nos líderes e planejadores da organização para um modelo mais participativo e inclusivo. Esta alteração se deu em função da diminuição das distâncias hierárquicas organizacionais, da demanda por gestores mais participativos e da viabilização de modelos mais flexíveis de organização. Neste ínterim, foi fundamental o despontar das organizações de base tecnológica que desde o final dos anos da década de 1990 têm apresentado ao mundo novas formas de gestão.

Ademais, os processos de planejamento tradicionais demandavam conhecimentos quem nem sempre eram dominados por todos da equipe. Com a difusão das técnicas e ferramentas gerenciais nos últimos anos, muitas destas ferramentas passaram a ser popularizadas e de fácil domínio e conhecimento, como a matriz SWOT. No entanto, a construção dos cenários ainda é dificultada pelos moldes tradicionais de elaboração e condução das reuniões.

O uso de ferramentas visuais possibilita um processo mais participativo, colaborativo e democrático na construção do planejamento. Além disso, essas ferramentas oferecem benefícios sociais para a organização, tais como a interação de diferentes perspectivas, tendo em vista que o processo de construção é coletivo e deve atender aos anseios da organização, e não aos interesses individuais, diminuindo assim a dominação de certos participantes. O uso de ferramentas visuais amplia o equilíbrio de participação e o entendimento mútuo, permite o alinhamento e a coordenação e explicita a interdependência organizacional, favorecendo o entendimento dos diferentes departamentos (EPPLER; PLATTS, 2009).

O processo de elaboração da estratégia pelo *Strategic Canvas* possibilita um engajamento maior dos colaboradores, uma participação mais ativa, um processo de criação mais colaborativo e um alinhamento para uma atuação mais sistêmica da organização. "Os seres humanos amam interagir, e permitir que as pessoas ponham suas mãos na informação é um caminho direto para a participação plena"(SIBBET, 2013 - p.57).

Melhoria no processo de comunicação

A comunicação talvez seja um dos principais desafios das organizações na atual conjuntura social. Saber o que, como e quando comunicar é um desafio e uma necessidade de toda e qualquer empresa (TEIXEIRA, 2007; TAVARES, 2010). No entanto, esse "problema" não se refere apenas à comunicação externa da organização; muito pelo contrário. Talvez o principal problema esteja dentro da própria organização. O desenvolvimento de mensagens claras, o compartilhamento de objetivos e metas, e o direcionamento organizacional precisam ser comunicados de forma efetiva em contextos internos.

Os Mapas também possuem essa função de comunicação. Eles desempenham o papel de interlocutor entre o que foi pensado por alguém e a trajetória a ser percorrida para se chegar a este pensamento. Um Mapa é a representação gráfica que fornece uma estrutura de referência. Para os geógrafos, por exemplo, os Mapas ilustram a localização dos indivíduos e as possibilidades de deslocamentos nos diferentes territórios. Para os estrategistas, os Mapas representam uma estrutura de referência das pessoas em relação ao ambiente em que as organizações estão inseridas e as informações necessárias para o processo decisório (FIOL; HUFF, 1992).

É nesse sentido que os Mapas se tornam ferramentas poderosas no processo de comunicação: por facilitar o processo de apresentação das ideias, ajudar na obtenção de informações e facilitar o processo de elucidação e síntese da estratégia (EPPLER; PLATTS, 2009).

A linguagem visual permite que as pessoas entendam e se posicionem de forma direta (SIBBET, 2013) e permite, ainda, a ressignificação do processo de elaboração de planos por meio de uma contínua colaboração e interação dos participantes, diminuindo as assimetrias de informações e contribuindo para uma completa visão do todo organizacional e de sua interdependência.

Esperamos que depois destes argumentos você já esteja convencido de que a utilização do SCANVAS facilitará o processo de elaboração da estratégia em sua organização. Caso você ainda não esteja convencido, passemos à compreensão do quadro para que definitivamente possamos ter a sua adesão ao nosso modelo.

Usando o SCANVAS

O primeiro canvas é dividido em vinte e três células e em quatro grandes blocos. O primeiro bloco se refere ao que chamamos de "identidade organizacional",composto pelos valores da organização, sua declaração de missão e a visão. Esses elementos servem para direcionar todo o planejamento estratégico e devem ser elaborados em sequência, como apresentaremos a seguir. O segundo bloco é o "diagnóstico do ambiente", que reflete os dados obtidos na análise de conjuntura e que pode, para tal levantamento, ter se utilizado da Matriz SWOT (*Strengths, Weaknesses, Opportunities, Threats* — Forças, Fraquezas, Oportunidades e Ameaças). No SCANVAS, utilizaremos um outro acrônimo, SPOT, substituindo o W (*Weaknesses* — Fraqueza) por P (*Problem* — Problema), como sugere Sibbet (2013). Essa escolha acontece por dois motivos: o primeiro é que, em uma reunião com diferentes membros de uma organização, é muito mais fácil perguntar sobre os problemas do que sobre as "fraquezas" da organização, pois geralmente as pessoas sentem-se muito estimuladas a pontuar sobre os problemas. O segundo motivo é que a palavra *spot* em inglês significa "o local", ou "o ponto", dando a noção de foco, que é a intenção do diagnóstico: ser o foco da análise estratégica da organização.

O terceiro bloco do Mapa é denominado de "iniciativas estratégicas" e está divido em três colunas e cinco células. As colunas se dividem em estratégias, que compreendemos como as intencionalidades estratégicas da organização; os objetivos estratégicos, que refletem o que queremos atingir com a estratégia elaborada anteriormente; e as metas, que indicam se estamos conseguindo alcançar os objetivos. Essa sequência foi construída tendo em base os princípios do OKR (*Objectives and Key Results* — Objetivos e Resultados-chave). Esta metodologia tem sido utilizada pelas principais empresas do Vale do Silício, e tem se popularizado no Brasil nos últimos anos. Desde 1999, a Google utiliza-se do OKR para a definição dos seus objetivos (CASTRO, 2016). A metodologia consiste na apresentação de objetivos claros, simples, qualitativos, memoráveis e motivacionais; alinhados com metas (Key results) que são mensuráveis, quantitativas e funcionam como indicadores de que os resultados estão sendo alcançados.

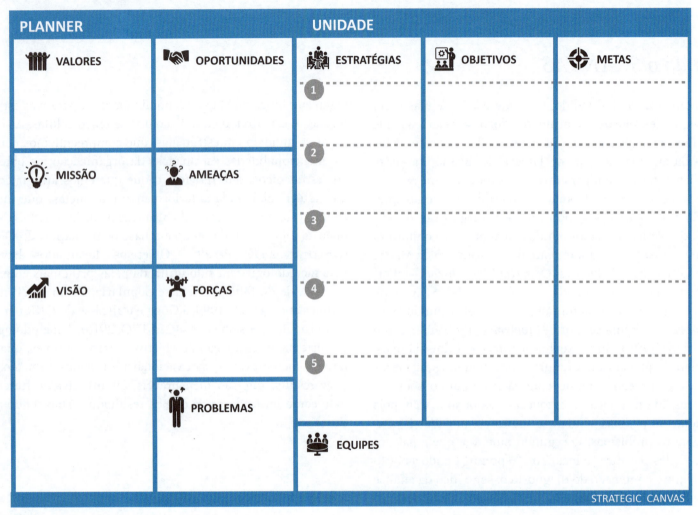

■ O primeiro canvas

Em uma simplificação, os OKRs significariam "Eu vou" (Objetivo) "medido por" (conjunto de *Key Results*, ou metas). O intuito é realizar um alinhamento e cadência organizacional (CASTRO, 2016).

Este bloco também possui cinco divisões em linha, que apontam para o modelo do Balanced Scored Card (KAPLAN; NORTON, 1997) e as quatro perspectivas: Financeira, Aprendizagem e Conhecimento, Processos Internos e Clientes, além de uma perspectiva adicional que acreditamos ser de grande importância para as organizações: a Perspectiva Cultural. Dessa forma, a organização pode desenvolver suas estratégias de forma alinhada, sinérgica e com indicadores claros a serem seguidos.

O último bloco serve para realizar o alinhamento do comprometimento com o plano; a definição da equipe que será responsável por cada uma das dimensões, seus objetivos e metas. Este Mapa permite a compreensão do todo organizacional, da interdependência das partes e da importância do trabalho sinérgico e colaborativo para a obtenção dos resultados organizacionais.

No último bloco, apresentamos um grande diferencial do *Strategic Canvas*. Como a elaboração do planejamento pressupõe a participação, interação e comunicação de diferentes pessoas da organização, o processo não se torna *Top down* (de cima para baixo), mas um planejamento coletivo e participativo em que a visão compartilhada prevalece no processo e as pessoas se sentem comprometidas com as metas criadas.

O segundo quadro do SCANVAS tem uma funcionalidade diferente: ele permite que os setores da organização apresentem como as metas serão cumpridas, por meio de um quadro de ações e um cronograma proposto para a realização das ações. Além disso, na coluna Status é possível inserir notas para indicar problemas que estão ocorrendo, tarefas que foram executadas, metas que já foram batidas, ciclos que já foram fechados e também lembretes motivacionais que permitiriam o engajamento da equipe no cumprimento das ações. Este quadro destina-se ao monitoramento sistemático do planejamento.

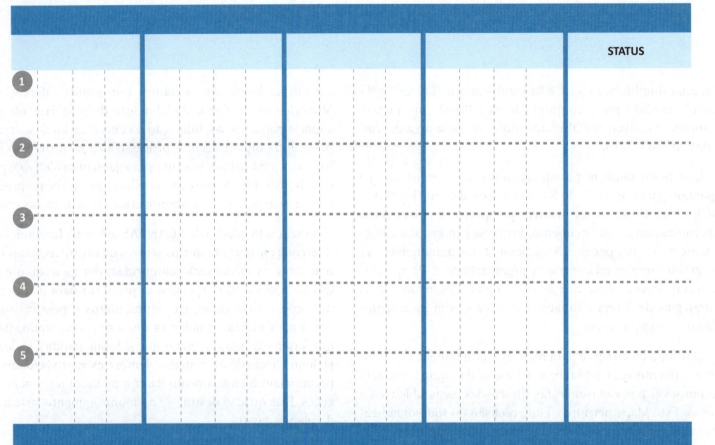

O segundo canvas

Após a idealização do SCANVAS, em 2015, a metodologia foi aplicada em diferentes organizações e em processos de formação de gestores. Nas distintas oportunidades, após a aplicação prática da ferramenta, utilizando-se os casos empresarias dos gestores em formação, obtivemos relatos positivos em relação à sua aplicação.

Os principais relatos centram-se em quatro diferentes aspectos:

Felicidade	Motivação	Engajamento	Simplificação
A adoção do Canvas dá visibilidade a todos os aspectos que envolvem o processo do planejamento, incluindo a identidade organizacional, o diagnóstico, a estratégia, os objetivos, as metas e os indicadores. A representação final dá aos diferentes participantes a clareza do processo.	A participação de diferentes membros de diferentes equipes, gerando a possibilidade de participação efetiva e apropriação/exposição das contribuições individuais, faz com que os membros das equipes sintam-se motivados a colaborar, pois se reconhecem no processo de construção coletiva.	A construção coletiva em um ambiente colaborativo, que apropria e explicita as contribuições diversas, traz para o processo de elaboração do Planejamento um engajamento que se perpetua desde sua criação até a execução das estratégias organizacionais. Trata-se da integração efetiva dos diferentes atores.	A possibilidade de visualizar todos os aspectos em conjunto traduz a complexidade da estratégia organizacional de forma simples, objetiva e visual. A representação no Mapa assegura o entendimento do direcionamento organizacional.

Pode-se afirmar que a adoção do SCANVAS desenvolve um ambiente colaborativo de aprendizagem. A ideia de aprendizagem colaborativa pode ser avaliada a partir do campo de estudo da aprendizagem organizacional[11], em processos sociais de compartilhamento de conhecimento. Isso implica dizer que a colaboração ocorre quando um grupo de indivíduos se engaja em um processo interativo, compartilhando normas, regras e estruturas, para decidir sobre um problema. Nesse processo, de acordo Cambraia, Santos e Lantelme (2017), se destacam três aspectos: a) a necessidade de um problema comum, que gera o interesse e engajamento dos indivíduos ou empresas; b) a interação, que possibilita que ocorram as trocas, as reflexões e a aprendizagem em grupo; e c) as normas, regras e estruturas que favoreçam a interação e a colaboração. Comparativamente e utilizando-se do SCANVAS, pode-se apresentar a seguinte associação:

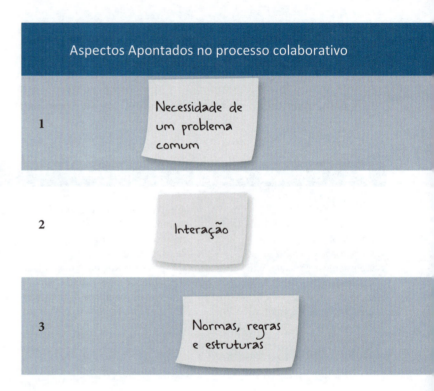

---

[1] Loiola, Néris e Bastos (2006) apontam que os estudos na área se bifurcam em duas perspectivas diferenciadas: a de aprendizagem organizacional e a de organizações que aprendem. Dentro de cada uma dessas perspectivas, há tensões, limitações e potenciais de análise: Organização de Aprendizagem fazendo referência aos autores ARGYRIS e SCHON (1996) e Aprendizagem Organizacional fazendo referência aos autores EASTERBY-SMITH e ARAÚJO (2001).

Evidências no processo colaborativo com o SCANVAS

A estratégia se configura como o problema comum que gera o interesse e o engajamento da equipe.

Projeção ou revisão da identidade organizacional
Elaboração do diagnóstico
Definição da estratégia, objetivos, metas e indicadores

O Mapa – SCANVAS é um instrumento de direcionamento, pois tem a capacidade de guiar a equipe pela trilha da estratégia, alinhando os diferentes Mapas mentais e transformando-os em um só.

Para o estabelecimento da cooperação, é fundamental a definição de objetivos comuns, interação dos diferentes atores e gestão. A interação social dentro do ambiente colaborativo visa o compartilhamento de práticas, e, por outro lado, os conhecimentos e habilidades individuais de seus participantes caracterizam sua capacidade de absorção ou aprendizagem dessas práticas.

Os resultados apontados superam o momento da etapa de planejamento, já que ganham destaque a motivação e o engajamento das equipes de trabalho. Estes se expressam na construção coletiva do planejamento e se perpetuam no processo do fazer diário do trabalho, que prossegue mediado pelas sensações de colaboração e participação, ampliando assim as probabilidades de sucesso ao atingir os indicadores, as metas, os objetivos e, consequentemente, as estratégias.

Os relatos explicitam a simplificação do processo de Planejamento Estratégico, pois organizações que historicamente levavam meses para a elaboração dos planos estratégicos, com reuniões infindáveis, conseguiram, por meio da metodologia, dinamizar o processo, tornando-o mais atrativo e efetivo com o uso da ferramenta.

Na prática

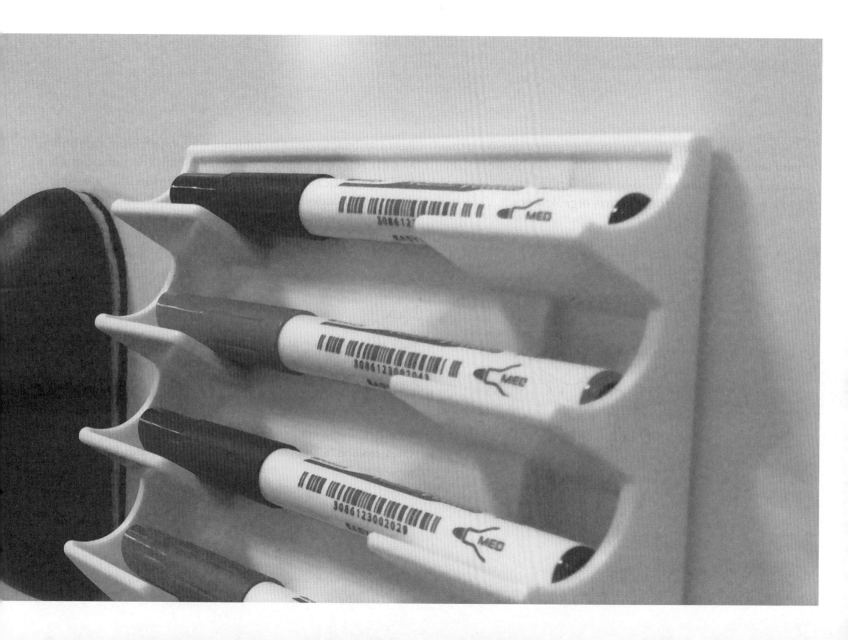

A seguir, vamos apresentar um modelo com o passo a passo para facilitar o entendimento e a aplicação do *Strategic Canvas* para os que desejam usá-lo como ferramenta de elaboração e planejamento estratégico nas organizações.

Para a utilização desta ferramenta você vai precisar imprimir as duas telas do *Strategic Canvas*, em papel do tamanho A1 (todas as gráficas rápidas imprimem este material), e blocos de notas autoadesivas coloridas, que são facilmente encontrados em livrarias ou papelarias.

Dica:

Você pode imprimir as telas em preto e branco, mas lembre-se que as cores deixam a ferramenta ainda mais atrativa;

Compre as notas autoadesivas em cores e tamanhos diferentes (76mm x 102mm para os textos maiores e 38mm x 50mm para os textos menores).

1ª Fase: Sensibilização

Este é o momento de convidar as pessoas-chave para a elaboração do planejamento, assim poderão engajar e motivar a equipe. Permitir a participação de atores de áreas distintas da organização é um elemento fundamental para uma análise mais profunda do negócio. A complexidade do contexto organizacional só pode ser superada quando pessoas de diferentes setores, com formações e opiniões distintas, começam a dialogar, superando os limites da departamentalização e conduzindo um processo multiparadigmático e interdisciplinar.

Nos apropriaremos de uma premissa do *Design Thinking* (BROWN, 2013) para elucidarmos este processo: é necessária a divergência de opiniões para a convergência de ações, pois os múltiplos olhares conduzidos para o desenvolvimento organizacional são fundamentais para o sucesso do Planejamento Estratégico.

Desta forma, a primeira fase consiste em estimular uma equipe para a participação no processo de planejamento, buscando o melhor das pessoas para processos criativos, inovadores, e que desenvolvam uma visão sistêmica de toda a organização.

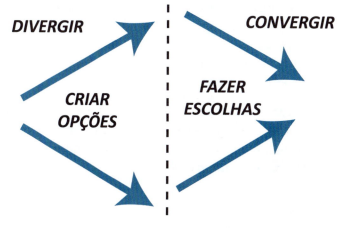

▪ Divergir e Convergir. | Fonte: Brown, Tim; 2003

2ª Fase: A Identidade Organizacional

Este é um momento fundamental da formulação estratégica, pois envolve a definição dos balizadores de todo o planejamento estratégico, valores, missão e visão da organização. Vamos começar pelos valores!

Todas as organizações têm, explícita ou implicitamente, princípios ou valores que desejam exaltar e manter. Os **princípios** são pontos e tópicos que a empresa deseja preservar e podem vir expressos como uma carta de princípios refletindo as crenças organizacionais básicas.

Os **valores** são características e virtudes importantes para a organização, e pretende-se preservá-los e incentivá-los, além de torná-los objeto de avaliação. Veja a seguir um exemplo de valores no *Strategic Canvas*:

Situação Fictícia

A Faculdade ABC, depois de anos atuando pelo incrementalismo, decidiu que era hora de mudar seu direcionamento. Para isso, o seu conselho administrativo nomeou um novo diretor geral, que em sua primeira reunião decidiu montar um comitê para a elaboração do Planejamento Estratégico da Faculdade. O comitê foi formado por professores, coordenadores, chefes de setores funcionais da faculdade e pessoas das atividades de apoio da organização.

Depois de falar da importância do plano estratégico e motivar dez participantes do comitê, todos se reuniram na mesa com a tela do *Strategic Canvas* e começaram a elaborar o plano.

■ Exemplo de valores

Nesta fase inicial, é importante que todos emitam suas opiniões com o uso das notas autoadesivas. Todos podem colocar um valor que acreditam que deve balizar os trabalhos na organização. Depois, de forma democrática, serão escolhidos os que melhor representariam a organização na sociedade.

Logo em seguida vem a definição da **missão**. A missão organizacional é uma proposta da razão pela qual a organização existe. Deve oferecer informações sobre produtos ou serviços, clientes e valores importantes que possui. É, portanto, uma declaração muito ampla da diretriz organizacional. Ela deve refletir o questionamento "o que somos?", alinhando com os valores organizacionais que foram ponderados na fase anterior. A missão e os valores compõem a ideologia central da organização, que é imutável e não depende de produtos, mercados ou qualquer mudança, pois eles refletem quem a "empresa é" (SERRA et al., 2014).

Segundo Costa (2007), uma missão deve responder a perguntas tais como: Qual necessidade básica a organização pretende suprir? Que diferença faz, para o mundo externo, ela existir ou não? Para que serve? Qual motivação básica inspirou seus fundadores? Por que surgiu? Para que surgiu?

MISSÃO

"A Faculdade ABC forma profissionais capazes de exercer uma cidadania responsável na sociedade, baseada em valores e buscando o desenvolvimento intelectual, físico e social do educando"

■ Exemplo de missão

Aqui a regra é a mesma. Todos podem elaborar uma declaração de missão; depois de escritas e coladas no canvas, é hora de fazer a leitura e definir qual a melhor. Geralmente, a declaração de missão se torna uma construção coletiva, com trechos de todas as missões elaboradas pela equipe.

A missão e a visão são dois conceitos complementares e interligados. O primeiro resulta da reflexão sobre a razão de sua existência, e o segundo define o que a organização quer ser no futuro. Após a definição da missão, deve-se definir a visão, que é um conceito operacional preciso, pois procura descrever a autoimagem da organização.

Para esclarecer que a visão não pode ser utópica, Costa (2007, p.36) a define como "um modelo mental de um estado ou situação altamente desejável, de uma realidade futura possível para a organização".

 VISÃO

"Tornar-se um centro universitário com excelência nos processos educacionais, desenvolvendo-se de modo sustentável em harmonia com os valores organizacionais"

■ Exemplo de visão

Perguntas que ajudam na formulação da visão

"Qual é o nosso objetivo? Qual é a força que nos impulsiona? Quais são nossos valores básicos? O que fazemos melhor? O que desejamos realizar? O que gostaríamos de mudar? O que queremos ser?

Além disso, é importante destacar que a visão funciona como o grande objetivo organizacional. Desta forma, todas as estratégias devem ser orientadas por ela, e a todo momento a organização deve avaliar o seu planejamento com base na sua visão ("estamos alcançando o que sonhamos?").

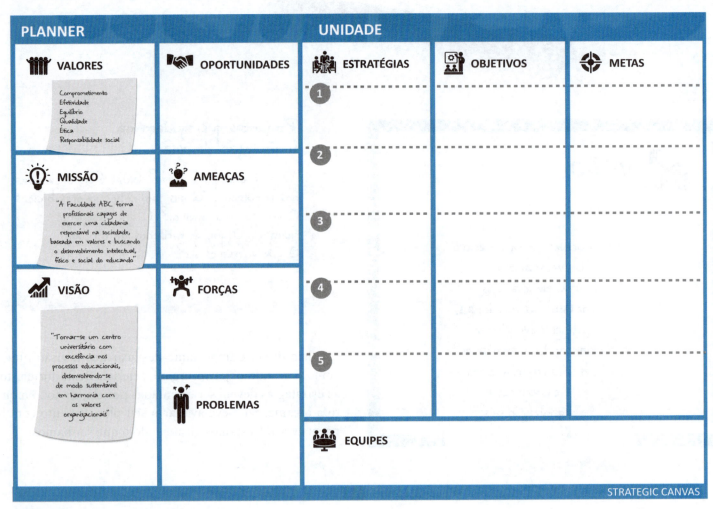

■ Identidade organizacional

104   O que é o Strategic Canvas?

Este foi o momento de captar os sonhos da equipe, alinhar os valores e as convicções de todos, e reafirmar a razão de ser da organização. Propositalmente, ela é feita antes do diagnóstico da organização, para que a realidade em que a empresa está inserida não seja um limitador dos anseios organizacionais.

Fechada esta etapa, é hora de avaliar a identidade organizacional e verificar se existe uma relação entre valores, missão e visão da organização, o que pode ser facilmente observado no SCANVAS.

3ª fase: O Diagnóstico

Este é um dos momentos mais importantes do processo de planejamento estratégico. É hora de verificar qual a real situação da organização em relação ao seu mercado, ao ambiente geral e quais as questões internas que podem figurar como pontos positivos ou negativos para a organização. Caso você ainda tenha dúvidas sobre que fatores devem ser utilizados nesta análise, visite a seção 3 sobre gestão estratégica e leia um pouco mais sobre a análise do ambiente.

A proposta é que todos participem opinando e colando as notas autoadesivas nas células. Aqui a regra é a mesma: interação, participação, todos pontuando e ao final um processo de filtragem, para verificar se existem ideias repetidas ou redundantes nas células.

> **Atenção:**
>
> Lembre-se que as oportunidades e ameaças referem-se a questões que estão fora do ambiente organizacional, e por isso não podem ser controladas pela organização, apenas monitoradas. Já as forças e os problemas referem-se ao ambiente interno da organização e por isso podem e devem ser controladas pela organização.
>
> Utilize notas autoadesivas de cores iguais para cada uma das células. Por exemplo: azul para oportunidades, vermelho para ameaças, verde para forças e amarelo para problemas.

O processo de diagnóstico parece muito com uma Anamnese[2], assim, a interação é fundamental, portanto, busque estimular para que todos opinem e falem sobre a organização e o seu ambiente. Relembre:

➤ Fatos ocorridos nos últimos anos;

➤ Questões que não ainda não foram resolvidas;

➤ Oportunidades que não estão sendo aproveitadas;

➤ Situações que geram desconforto na organização;

➤ Aspectos que prejudicam o andamento das operações organizacionais.

É importante também destacar que nem todos possuem a visão sobre as variáveis que influenciam a organização e por vezes questões irrelevantes são pontuadas. Por isso, é válido que o facilitador, ou o responsável pela elaboração do plane-

---

[2] Anamnese (do grego *ana*, trazer de novo e *mnesis*, memória) é uma entrevista realizada pelo profissional de saúde ao seu paciente, que tem a intenção de ser um ponto inicial no diagnóstico de uma doença. Em outras palavras, é uma entrevista que busca relembrar todos os fatos que se relacionam com a doença e à pessoa doente.

jamento, deixe claro que, com o diagnóstico, a organização procura encontrar questões que possam influenciar a gestão e o direcionamento da organização nesta caminhada estratégica. Tente enquadrar estas variáveis no que chamamos de matriz de complexidade × impacto da organização.

■ Matriz de complexidade × impacto da organização

A equipe deve identificar as questões consideradas prioritárias para a estratégia organizacional (alto impacto na atuação organizacional), e as questões táticas que necessitarão de realinhamento dos processos organizacionais em função da nova postura estratégica. As questões de baixa complexidade e baixo impacto são de ordem operacional e devem ser resolvidas por meio de ações operacionais, que compõem o dia a dia da organização.

Realizado o diagnóstico, é necessário refletir um pouco antes de avançarmos para a próxima fase. A equipe de trabalho precisa revisar todos os elementos do diagnóstico (Oportunidades, Ameaças, Forças e Problemas) para verificar se não existem itens repetidos, redundantes ou até mesmo conflitantes, pois todos que participaram colocaram suas ideias no papel. Além disso, é hora de observar se as variáveis contempladas na análise da equipe são verdadeiramente relevantes para a organização, como já apresentamos anteriormente.

Depois desta reflexão, é hora de utilizar o diagnóstico para propor soluções estratégicas para a organização, por meio de um cruzamento entre os aspectos destacados na matriz SPOT e a visão desenhada pela organização.

■ Detectando os Spots

Quais oportunidades podem ser aproveitadas pois trariam um grande impacto para a organização?
O que poderia gerar uma alavancagem e está lá fora aguardando para ser aproveitado? Qual nicho de mercado não estamos atendendo?

Temos uma vantagem em relação a nossos concorrentes! Somos bons nesse aspecto! Temos expertise nesse campo! Sabemos fazer isso! Nossos clientes reconhecem isso!

O que pode comprometer nossa organização nos próximos anos?
Temos monitorado determinadas ameaças?
O que nossos concorrentes estão fazendo?
O que pode nos substituir em alguns anos?
Quais tecnologias estão surgindo?

Isso tem causado muitos problemas! Não teremos como aproveitar as oportunidades com essa situação! Precisamos resolver isso antes de começarmos a mudar! Isso é um PROBLEMA para todos na organização!

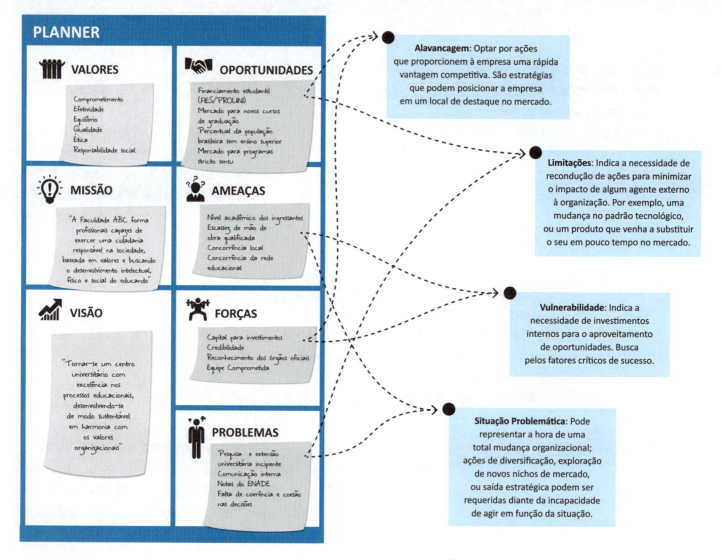

- Cruzar aspectos da matriz SPOT com a visão da organização

4ª Fase: A Formulação Estratégica

Este é um momento crucial na elaboração estratégica de uma organização. É a hora de apresentar as estratégias, os objetivos e as metas, constituindo-se assim o terceiro bloco do SCANVAS, denominado iniciativas estratégicas.

As iniciativas estratégicas são construídas após definição ou redefinição da identidade organizacional, que se constituem em missão, visão e princípios [primeiro bloco] e da matriz SPOT [segundo bloco]. Os dados consolidados, e explicitados no SCANVAS, devem ser analisados para a definição de um direcionamento estratégico: ofensivo, defensivo ou competitivo.

De posse da consolidação dos dois blocos — Identidade e SPOT — e da definição do direcionamento estratégico dá-se a definição das perspectivas/dimensões, objetivos, metas e indicadores.

O bloco das iniciativas estratégicas está divido em três colunas, que contém cinco células. A primeira coluna inclui as estratégias em cinco perspectivas, de modo que se possa compreender as intencionalidades estratégicas da organização; a segunda coluna inclui os objetivos estratégicos, que refletem o que se quer atingir com a estratégia elaborada anteriormente; a terceira e última coluna inclui as metas que servem como balizadoras para o alcance dos objetivos e, consequentemente, das estratégias.

A primeira coluna inclui as estratégias em cinco perspectivas. As dimensões pensadas no SCANVAS acompanham e abarcam as perspectivas pensadas por Kaplan e Norton (2004). São elas: perspectiva financeira; perspectiva do cliente; perspectiva interna ou de processos; e perspectiva de aprendizado e crescimento. Para além das dimensões apresentadas, e por entender que, principalmente para pequenas e médias empresas, há uma real necessidade de fortalecimento da cultura organizacional, o SCANVAS inclui uma quinta dimensão, a cultural.

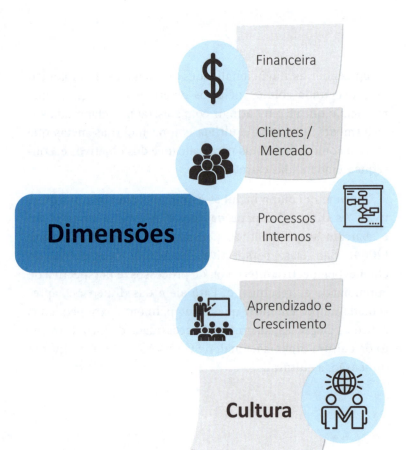

A dimensão cultural busca observar e analisar a manifestação do simbólico por meio dos comportamentos e das práticas.

Ao pensar na dimensão cultural, os diferentes atores devem buscar responder as seguintes questões:

1. Há modificação no comportamento dos colaboradores?
2. Percebe-se a redução da eficiência organizacional?
3. Há redução do volume de produção e de vendas ou os clientes têm se queixado?
4. Os processos, procedimentos, normas e políticas são funcionais?
5. Qual é a qualidade do clima organizacional?

As respostas obtidas formam um diagnóstico sobre a cultura e direcionam os participantes a identificarem os fatores que merecem priorização para alinhamento. Os fatores primordiais são:

Fatores	Características
Estrutura	• Níveis Hierárquicos • Departamentos • Resultados da organização
Pessoal	• Número de empregados • Distribuição por sexo, idade e tempo de serviço • Estilo de liderança predominante • Absenteísmo e índice de rotatividade • Nível de satisfação de colaboradores.
Produtos e Serviços	• Processo geral de produção • Clientes • Mercado • Posicionamento em relação à carteira de clientes
Tecnologia	• Aparato tecnológico para o desenvolvimento de seus produtos e/ou serviços • Aparato tecnológico para dar suporte aos processos operacionais
Valores	• Princípios que regem o comportamento das pessoas que trabalham na empresa
Processos e Procedimentos	• Processos e procedimentos claros e compartilhados • Processos e procedimentos que respondem às demandas dos clientes
Normas e políticas	• Estabelecimento e difusão de normas e políticas dentro da organização

A análise estabelecida permite atuar de forma preventiva ou corretiva, por meio do estabelecimento de objetivos, metas e indicadores que corrijam aspectos estruturantes da cultura organizacional.

A atenção à cultura é primordial para a interação social em um ambiente colaborativo que visa o compartilhamento de práticas, conhecimentos e habilidades individuais para a obtenção de objetivos comuns.

Uma vez definidas as estratégias, é hora de partir para os objetivos e metas que ajudem a atingi-las. Assim, são preenchidas as colunas dois e três. Entende-se que os objetivos e metas referem-se aos parâmetros-chave que se pretende atingir, sejam eles qualitativos ou quantitativos.

Dimensão Processos Internos: Iniciativas estratégicas que visam resolver os problemas internos da organização e melhorar o processo de entrega dos produtos/serviços. Esta é uma dimensão para que a cadeia de valor da organização seja revisitada, além de abrir espaço para a inovação e a qualidade nos processos organizacionais

Dimensão Clientes: Todo bom plano estratégico deve refletir em ações perceptíveis aos clientes. Neste campo, serão delineadas as iniciativas que busquem resultados relacionados com melhoria da imagem para o cliente, satisfação, captação, retenção, lealdade, etc. Além de explorar segmentos em que a empresa ainda não tenha se dedicado.

Dimensão Aprendizagem e Conhecimento: É impossível construir vantagens competitivas sustentáveis sem uma base de conhecimento organizacional. Nesta dimensão, ações como aprender, desenvolver, capacitar, treinar e conhecer darão sustentação às mudanças organizacionais.

■ A hora da formulação estratégica

Dimensão Financeira: Busca estratégias e objetivos e metas que reflitam diretamente na melhoria dos indicadores financeiros da organização para apoio na visão estratégica do negócio. Neste caso, estratégias como aumento de receitas, diminuição de custos, diversificação de investimentos, etc. são solicitadas.

Dimensão Cultural: A cultura organizacional é essencial para o suporte estratégico. Os valores, as crenças e os hábitos organizacionais serão indispensáveis para adoção estratégica da organização. Desta forma, iniciativas que busquem desenvolver uma cultura de inovação, visão compartilhada, adaptação, flexibilidade e aprendizagem são fundamentais para o desenvolvimento organizacional.

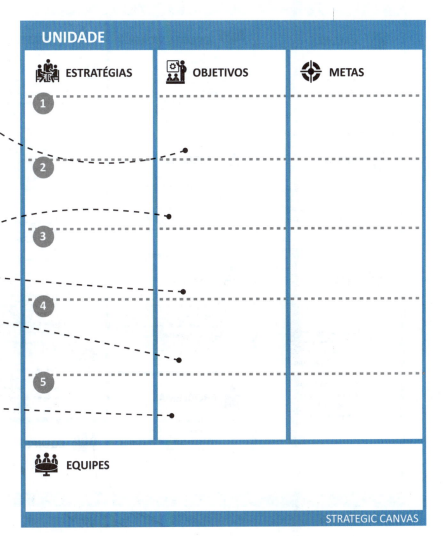

Strategic Canvas 115

PLANNER

VALORES
- Comprometimento
- Efetividade
- Equilíbrio
- Qualidade
- Ética
- Responsabilidade social

MISSÃO
"A Faculdade ABC forma profissionais capazes de exercer uma cidadania responsável na sociedade, baseada em valores e buscando o desenvolvimento intelectual, físico e social do educando"

VISÃO
"Tornar-se um centro universitário com excelência nos processos educacionais, desenvolvendo-se de modo sustentável em harmonia com os valores organizacionais"

OPORTUNIDADES
- Financiamento estudantil (FIES/PROUNI)
- Mercado para novos cursos de graduação
- Percentual da população brasileira sem ensino superior
- Mercado para programas stricto sensu

AMEAÇAS
- Nível acadêmico dos ingressantes
- Escassez de mão de obra qualificada
- Concorrência local
- Concorrência da rede educacional

FORÇAS
- Capital para investimentos
- Credibilidade
- Reconhecimento dos órgãos oficiais
- Equipe Comprometida

PROBLEMAS
- Pesquisa e extensão universitária incipiente
- Comunicação interna
- Notas do ENADE
- Falta de coerência e coesão nas decisões

UNIDADE

ESTRATÉGIAS

1 Financeira: Fortalecimento das receitas institucionais e diminuição de custos

2 Clientes: Melhorias na fidelidade e satisfação dos clientes.

3 Processos Internos: Busca pelas melhores práticas organizacionais, visando ao desenvolvimento das pessoas e da organização.

4 Aprendizagem e Conhecimento: Desenvolver práticas e iniciativas de pesquisa e extensão alinhadas aos processos de ensino e aprendizagem.

5 Cultura Organizacional: Consolidar a cultura de inovação e empreendedorismo dentro da organização.

EQUIPES

OBJETIVOS
- Promover o desenvolvimento sustentável da organização
- Aumento do consumo de novos serviços de clientes já estabelecidos
- Ampliação da indicação de novos clientes por meio da satisfação dos clientes atuais
- Melhorar a distribuição de informações para o processo decisório
- Incrementar processos de pesquisa e extensão
- Ampliar a capacidade de inovação da Faculdade

METAS
- 20% de aumento da receita com novos serviços em 1 ano
- 10% de diminuição dos custos fixos, sem perda da qualidade em 1 ano
- Realizar uma pesquisa de satisfação em 30 dias
- Ter 30% dos atuais clientes consumindo um segundo serviço educacional em 12 meses
- Mapear todos os processos organizacionais em 3 meses
- Implantar o processo de gestão da qualidade em 100% dos setores em 1 ano
- Definição das áreas de concentração e linhas de pesquisa, bem como a definição da política de pesquisa em 1 ano.
- 210 publicações anuais de professores e alunos (como primeira instituição) em cinco anos
- Capacitar 100% dos funcionários em 1 ano em inovação e empreendedorismo
- Criação do prêmio de inovação e empreendedorismo em até 01 ano
- Criação de um núcleo de inovação e empreendedorismo em seis meses

STRATEGIC CANVAS

O Strategic Canvas quase todo preenchido

Atenção

Na elaboração das iniciativas estratégicas, lembre-se:

1. Siga a sequência das dimensões, elabore a iniciativa estratégica, depois objetivos e por fim as metas. Só depois passe para a próxima dimensão.

2. Este é um processo que visa a simplificação, então pense nas estratégias como caminhos que devem ser seguidos pela organização em função da Visão Estratégica (grande objetivo organizacional), do diagnóstico realizado e dos recursos organizacionais.

3. Os objetivos se referem ao o que queremos atingir com a iniciativa. Eles devem ser qualitativos, motivadores e de fácil memorização.

4. As metas (key results) são as métricas para identificarmos se estamos caminhando na trilha correta. Elas obrigatoriamente devem ser mensuráveis (quantitativas) e possuir alinhamento com a estratégia e o objetivo.

5. O cadenciamento e alinhamento entre estratégia, objetivos e metas são fundamentais para um bom plano estratégico.

O seu Mapa estratégico está quase pronto. Perceba que o processo de construção foi muito mais participativo, interativo e colaborativo. Um grande aprendizado para todos que participaram do processo. Mas será que os gestores aceitarão tudo o que foi proposto?

Esta é a fase de revisão do processo. As organizações podem variar a forma como realizam esta revisão e algumas ações podem ser consideradas inapropriadas, ou podem não ter aparecido no planejamento; mas o principal já foi feito. Cerca de 80% das metas organizacionais já estarão prontas; os outros 20% podem ser elaborados por membros diretos da diretoria ou alta gerência. Às vezes são aspectos de desafio ou que provém da visão empreendedora dos líderes, e que podem complementar o plano da organização durante o processo de revisão. O importante é que as ações não foram impostas de cima para baixo, e sim feitas em colaboração por parte representativa da organização.

Realizar a revisão do planejamento estratégico é verificar se existe alinhamento e cadenciamento entre todas as partes do plano. A percepção visual do SCANVAS favorece esta revisão, tendo em vista que todo o planejamento estratégico estará em apenas uma tela, algo que era impossível com os métodos tradicionais. Verificar se os valores organizacionais estão descritos na estratégia, se as metas refletem em etapas para o alcance dos objetivos e se as iniciativas estratégicas levarão a organização ao resultado esperado, que é o alcance da visão estratégica, são algumas das análises que devem ser verificadas.

5ª Fase: Definição da Equipe de Trabalho

Uma das principais dificuldades no processo de gestão estratégica é sua implementação. Fatores como a cultura, sistemas de controle, estrutura da organização e as pessoas que a compõem são elementos centrais para o sucesso neste processo (SERRA et al., 2014).

Neste sentido, o alinhamento da equipe no final da primeira etapa do planejamento estratégico é fundamental para saber quem serão os responsáveis pelos resultados nas dimensões. Neste momento, é hora de identificar os indivíduos que farão parte da equipe de implementação e monitoramento das estratégias propostas. Essa etapa se constitui no quarto e último bloco.

A equipe deve ser formada levando-se em consideração a relevância do trabalho sinérgico e colaborativo em um ambiente de compartilhamento. Somente a compreensão desses aspectos, alinhada com o comprometimento de todos, levará à obtenção dos resultados organizacionais.

Participação, interação e comunicação devem prevalecer no processo, viabilizando a motivação e o engajamento, que devem se perpetuar para além da fase de planejamento, tornando as equipes comprometidas com os objetivos e metas nas fases de execução e monitoramento.

Também deve-se dar importância à competência do gestor para favorecer a colaboração e aprendizagem social. Britto (2001 *apud* CAMBRAIA, SANTOS E LANTELME (2017)) enfatiza que mecanismos de aprendizagem no ambiente colaborativo, bem como suas regras de funcionamento, influenciam a receptividade dos participantes em relação aos estímulos surgidos durante sua operação, pois o aumento da receptividade facilita o intercâmbio de conhecimentos e informações e faz com que o conhecimento adquirido por uma pessoa possa ser transferido para as outras.

A disseminação do SCANVAS em um ambiente colaborativo favorece a aprendizagem, a transferência de conhecimentos e a interação social, desenvolve atitudes de compartilhamento de práticas, conhecimentos e habilidades individuais, que viabilizam sobremaneira a obtenção de um clima organizacional favorável ao processo de planejamento estratégico.

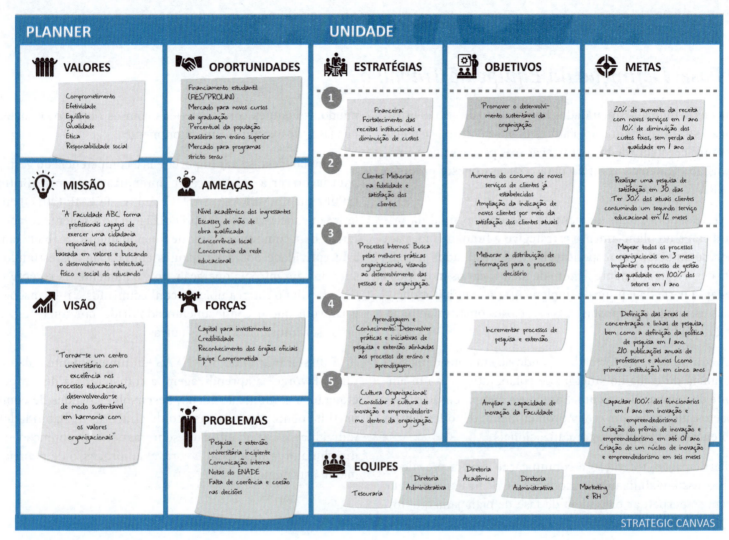

- Definição da equipe de trabalho

6ª Fase: Comunicação

Agora é hora de compartilhar o Mapa estratégico com todos na organização. O processo de comunicação das intenções estratégicas é fundamental para o sucesso da gestão. De posse do Mapa, a organização pode optar por diferentes formas para compartilhar as informações. Transformar o *Strategic Canvas* em um plano formal textual, uma apresentação em um software, uma tabela para ser compartilhada com todos na organização, ou a nossa forma preferida, um Mapa para ser fixado em cada departamento da organização, para que fique visível a todos na organização quais são os caminhos que serão adotados a partir de agora.

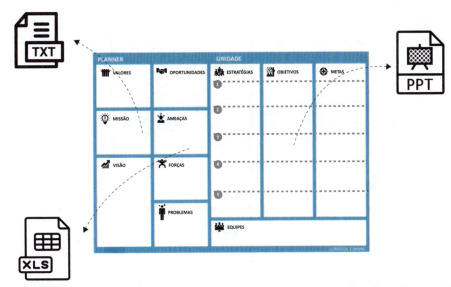

■ Escolha a melhor maneira de compartilhar as informações

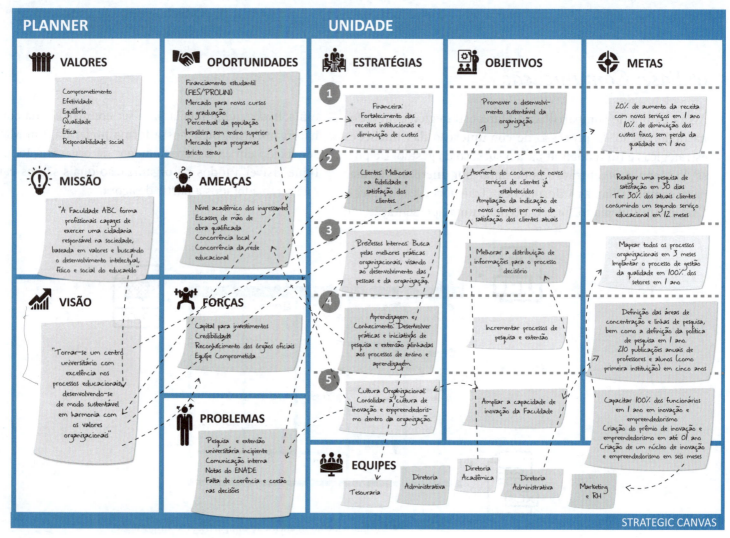

122　O que é o Strategic Canvas?

7ª Fase: Implementação e Monitoramento

Se todos na organização já estão cientes do que a organização planeja, os setores já sabem o que devem alcançar e já existe o engajamento em torno do planejamento estratégico, resta apenas uma etapa neste processo: o de implementar e monitorar sistematicamente as ações para uma gestão estratégica.

É neste sentido que precisamos saber "como" cada setor da empresa pretende cumprir as metas e os objetivos estabelecidos. Agora é hora de cada equipe de trabalho se reunir em função do planejamento estratégico e propor o seu plano de atuação ao longo do ano. Para isso, a segunda tela do Canvas foi criada, pois permite a elaboração de um cronograma de ações estratégicas que identificam como as metas serão alcançadas.

Ao ser colocada lado a lado com a primeira tela, o departamento ou setor da organização tem uma poderosa ferramenta de gestão visual, para que as reuniões possam ser rápidas, interativas, e que visem identificar se as ações individuais diárias estão contribuindo ou dificultando o atingimento da meta desenhada.

Além disso, a coluna "status" permite a colagem de observações, realinhamento de ações, frases motivacionais, ou felicitações pelo alcance da meta de um setor. Algo que permite às etapas da implementação e monitoramento a aplicação dos mesmos princípios da elaboração do planejamento.

PLANNER — UNIDADE

VALORES
- Comprometimento
- Efetividade
- Equilíbrio
- Qualidade
- Ética
- Responsabilidade social

MISSÃO
"A Faculdade ABC forma profissionais capazes de exercer uma cidadania responsável na sociedade, baseada em valores e buscando o desenvolvimento intelectual, físico e social do educando"

VISÃO
"Tornar-se um centro universitário com excelência nos processos educacionais, desenvolvendo-se de modo sustentável em harmonia com os valores organizacionais"

OPORTUNIDADES
- Financiamento estudantil (FIES/PROUNI)
- Mercado para novos cursos de graduação
- Percentual da população brasileira sem ensino superior
- Mercado para programas stricto sensu

AMEAÇAS
- Nível acadêmico dos ingressantes
- Escassez de mão de obra qualificada
- Concorrência local
- Concorrência da rede educacional

FORÇAS
- Capital para investimentos
- Credibilidade
- Reconhecimento dos órgãos oficiais
- Equipe Comprometida

PROBLEMAS
- Pesquisa e extensão universitária incipiente
- Comunicação interna
- Notas do ENADE
- Falta de coerência e coesão nas decisões

ESTRATÉGIAS

1. **Financeira:** Fortalecimento das receitas institucionais e diminuição de custos

2. **Clientes:** Melhorias na fidelidade e satisfação dos clientes.

3. **Processos Internos:** Busca pelas melhores práticas organizacionais, visando ao desenvolvimento das pessoas e da organização.

4. **Aprendizagem e Conhecimento.** Desenvolver práticas e iniciativas de pesquisa e extensão alinhadas aos processos de ensino e aprendizagem.

5. **Cultura Organizacional:** Consolidar a cultura de inovação e empreendedorismo dentro da organização.

OBJETIVOS
- Promover o desenvolvimento sustentável da organização
- Aumento do consumo de novos serviços de clientes já estabelecidos
- Ampliação da indicação de novos clientes por meio da satisfação dos clientes atuais
- Melhorar a distribuição de informações para o processo decisório
- Incrementar processos de pesquisa e extensão
- Ampliar a capacidade de inovação da Faculdade

METAS
- 20% de aumento da receita com novos serviços em 1 ano
- 10% de diminuição dos custos fixos, sem perda da qualidade em 1 ano
- Realizar uma pesquisa de satisfação em 30 dias
- Ter 30% dos atuais clientes consumindo um segundo serviço educacional em 12 meses
- Mapear todos os processos organizacionais em 3 meses
- Implantar o processo de gestão da qualidade em 100% dos setores em 1 ano
- Definição das áreas de concentração e linhas de pesquisa, bem como a definição da política de pesquisa em 1 ano.
- 210 publicações anuais de professores e alunos (como primeira instituição) em cinco anos
- Capacitar 100% dos funcionários em 1 ano em inovação e empreendedorismo
- Criação do prêmio de inovação e empreendedorismo em até 01 ano
- Criação de um núcleo de inovação e empreendedorismo em seis meses

EQUIPES
- Tesouraria
- Diretoria Administrativa
- Diretoria Acadêmica
- Diretoria Administrativa
- Marketing e RH

STRATEGIC CANVAS

O que é o Strategic Canvas?

■ Implementação e monitoramento

Strategic Canvas 125

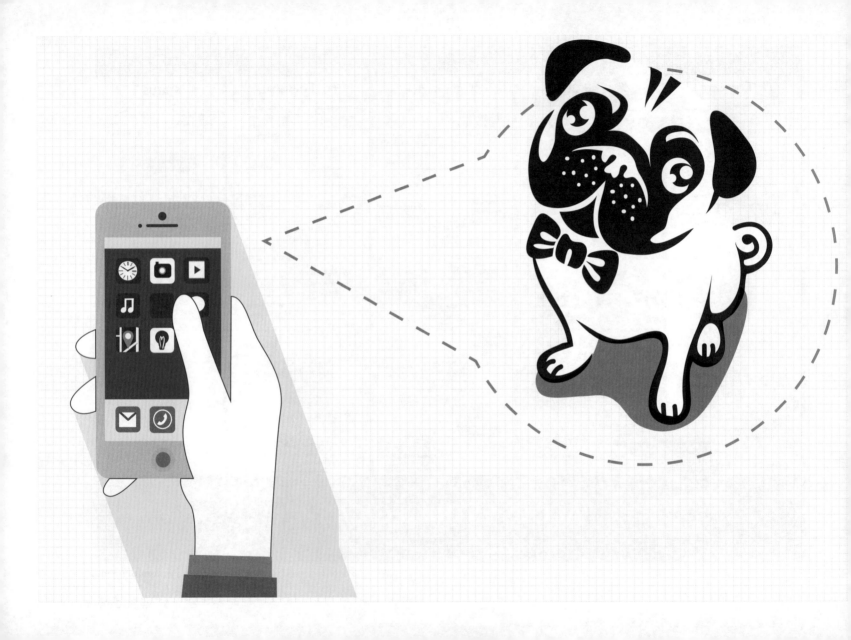

Outro exemplo de aplicação do Strategic Canvas

Startup Buscapet

PLANNER | UNIDADE

VALORES
- Rapidez
- Agilidade
- Segurança
- Inovação
- Comprometimento
- Responsabilidade social e ambiental

OPORTUNIDADES
- Tendência de aumento de animais de estimação;
- Expansão do mercado de pet shops;
- Melhoria nos processos logísticos;
- Uso da internet para buscar informações sobre pets;
- Expansão das marcas de produtos e serviços relacionados aos pets

MISSÃO
Conectar vendedores e consumidores do trade de animais de estimação, por meio de plataformas interativas, seguras e inovadoras, buscando a satisfação dos envolvidos na negociação e o cuidado com os seres vivos

AMEAÇAS
- Concorrentes clandestinos;
- Comércio de pets local;
- Legislação ambiental;
- Diminuição do investimento em animais de estimação em função das crises econômicas

VISÃO
Tornar-se o maior site de intermediação de vendedores e consumidores de pets na América Latina, respeitando a legislação vigente e garantindo o bem-estar dos animais

FORÇAS
- Experiência de gestão dos sócios;
- Capacidade de inovação da equipe;
- Estrutura física enxuta para negócios;
- Conhecimento do mercado de pets

PROBLEMAS
- Falta de conhecimento na área de buscadores;
- Falta de capital para investimento;
- Equipe muito enxuta

ESTRATÉGIAS

1 Financeira: Crescimento do negócio

2 Clientes: Qualidade e satisfação do cliente com a experiência no buscapet

3 Processos internos: Ter uma gestão eficaz das atividades primárias e de suporte da empresa

4 Aprendizagem e crescimento: Melhorar a inteligência organizacional na área de atuação

5 Cultural: Consolidar o espírito de inovação e cuidado com animais na equipe

OBJETIVOS
- Iniciar a operação do negócio com aumento crescente de receitas
- Buscar qualidade dos anunciantes;
- Ter agilidade e precisão na busca dos clientes
- Atuar de forma cadenciada e sistêmica no negócio;
- Ter foco no compartilhamento de informações
- Capacitar a equipe para atuar no segmento de mercado
- Implantar a cultura da organização

METAS
- Ter 20% de aumento de receita a cada trimestre
- Ter uma taxa de reclamação de menos que 5% dos clientes e parceiros no primeiro ano de funcionamento da empresa;
- Aumentar em 10% a taxa de retorno do cliente para novas buscas a cada mês;
- Aumentar as visitas no site para 7,8/mês;
- Aumentar o tráfego para 75% ao mês;
- Aumentar o engajamento: 50% dos usuários possuem perfis completos no site em um ano
- 0% de trabalho;
- 100% da equipe capacitada em gestão de projetos, Scrum e SCanvas;
- 50% dos processos de trabalho mapeados
- 100% da equipe de técnicos treinados na área de buscadores;
- 50% da equipe treinada na área de legislação ambiental;
- 100% da equipe com os valores da empresa internalizados;
- Aumentar em 20% a taxa de inovação da equipe

EQUIPES

STRATEGIC CANVAS

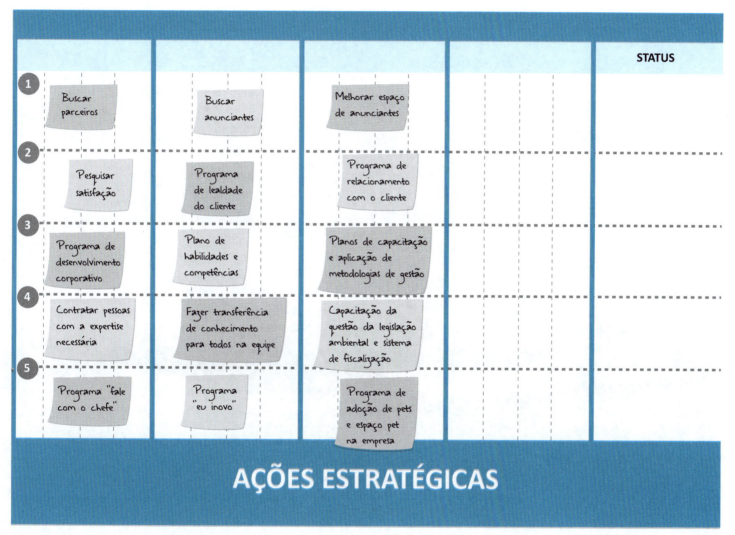

- Implementação e monitoramento

Strategic Canvas 129

Iniciamos esta jornada avisando que *Mapa não é território* e, ao final, reafirmamos que *Mapa não é território*.

Entendemos que toda caminhada é um processo de aprendizagem em vários sentidos: aprender como caminhar, o que levar, o que não levar, como chegar e o mais importante: aprender como aprender.

A trajetória trilhada é um processo de redescobertas internas e externas e de avaliações e reavaliações. Na jornada, as diferentes percepções vão se somando e transformando pessoas e instituições.

Toda caminhada se alicerça na missão, visão e valores que sustentam indivíduos e organizações. Os objetivos orientam para o alcance da estratégia; os valores sustentam a conduta dos caminhantes; e os resultados levam ao bem comum.

Desejamos que a busca pelo fazer bem, fazer melhor e fazer mais seja a sua jornada e que a ferramenta do *Strategic Canvas* seja importante nesta trilha de aprendizagem e conquistas.

Esperamos que você tenha feito grandes descobertas neste livro.

Strategic Canvas

Referências

ANSOFF, H. Igor. *A nova estratégia empresarial*. São Paulo: Atlas, 1990.

ANSOFF, H. Igor e McDONNELL Edward J. *Implantando a administração estratégica*. 2. ed. Trad. Antônio Zorato Sanvicente. São Paulo: Atlas, 1993.

BESANKO, D. et al. *A economia da estratégia*. 3. ed. Porto Alegre: 2006.

BROWN, Tim. *Design Thinking: Uma Metodologia Poderosa Para Decretar o Fim Das Velhas Ideias*. Rio de Janeiro: Campus, 2013.

BULGACOV, Sergio et al. *Administração estratégica: teoria e prática*. São Paulo: Atlas, 2007.

CAMBRAIA, Fabricio Borges; SANTOS, Thales William Santana dos; LANTELME, Elvira Maria Vieira. Disseminação de práticas de segurança e saúde do trabalho entre empresas de construção por meio de ambientes colaborativos de aprendizagem. Porto Alegre, v. 17, n. 4, p. 425-439, Dec. 2017 Disponível em: <http://www.scielo.br/scielo.php?script=sci_arttext&pid=S1678-86212017000400425&lng=en&nrm=iso>. Acesso em: 11 Dec. 2017.

CERTO, Samuel C. et al. *Administração estratégica: planejamento e implantação da estratégia*. 2. ed. São Paulo: Pearson Prentice Hall, 2005.

COSTA, Eliezer Arantes da. *Gestão estratégica: da empresa que temos para a empresa que queremos*. 2. ed. São Paulo: Saraiva, 2007.

CASTRO, Felipe. *O que é OKR, 2016*. Disponível em: <http://leanperformance.com/pt-br/okr/o-que-e-okr/>. Acesso em: 06042016.

DELL'ISOLA, Alberto. *Mentes Brilhantes*. 2. edição. São Paulo: Universo dos Livros, 2012.

EPPLER, Martin J.; PLATTS, Ken W. *Visual strategizing: the systematic use of visualization in the strategic-planning process*. **Long Range Planning**, v. 42, n. 1. p. 42-74, 2009.

EPPLER, Martin J.; BURKHARD, Remo A. *Visual representations in knowledge management: framework and cases*. **Journal of knowledge management**. v. 11, n. 4. p. 112-122, 2007.

FIOL, C. Marlene; Huff, A.S. *Maps for Managers: Where are we? Where do we go from here?* **Journal of Management Studies**, v. 29, n. 3. p. 267-285, 1992.

HUFF, A.S. *Mapping strategic thought*. Wiley, 1990.

KAPLAN, Robert S.; Norton, David P. *A estratégia em ação: Balanced Scorecard*. Rio de Janeiro: Elsevier, 1997.

LOIOLA, Elizabeth; NÉRIS, Jorge Santos; BASTOS, Antonio Virgilio Bittencourt. *Aprendizagem em organizações: mecanismos que articulam processos individuais e coletivos*. In: BORGES-ANDRADE, Jairo E.; ABBAD, Gardênia da Silva; MOURÃO, Luciana. *Treinamento, desenvolvimento e educação em organizações e trabalho fundamentais para gestão de pessoas*. Porto Alegre: Artmed, 2006.

MANES, Facundo. *Usar o cérebro: Aprenda a utilizar a máquina mais complexa do universo*. 1. ed. São Paulo: Planeta, 2015.

MATURANA, H. R.; VARELA, F. J. *A Árvore do Conhecimento: as bases biológicas da compreensão humana*. São Paulo: Palas Athenas, 2001.

MINTZBERG, Henry; AHLSTRAND, Bruce; LAMPEL, Joseph. *Safári de Estratégia: Um roteiro pela selva do planejamento estratégico*. Tradução de Montingelli Jr., Nivaldo. Porto Alegre: Bookman, 2000.

MUNZNER, Tamara. *Visualization Analysis & Design*. Boca Raton (FL): CRC Press, 2015.

OSTERWALDER, Alexander; Pigneur, Yves. *Business Model Generation — Inovação em Modelos de Negócios: Um manual para visionários, inovadores e revolucionários*. Rio de Janeiro: Alta Books, 2011.

PORTER, Michael. *Vantagem Competitiva: criando e sustentando um desempenho superior*. 12. ed. Rio de Janeiro: Campus, 1989.

_____. *Estratégia Competitiva: técnicas para análise de indústrias e da concorrência*. 7. ed. Rio de Janeiro: Campus, 1986.

_____. *Competição: estratégias competitivas essenciais*. 10. ed. Rio de Janeiro: Campus, 1999.

ROCHA, Wellington; BORINELLI, Márcio Luiz. *Análise estratégica de cadeia de valor: um estudo exploratório do segmento indústria-varejo*. Disponível em:<http://www.congressousp.fipecafi.org/artigos62006/425.pdf>. Acesso em: 18 out. 2017.

SABBAG, Paulo Y.. *Espirais do conhecimento: ativando indivíduos, grupos e organizações*. São Paulo: Saraiva, 2007.

SCHÖN, Donald A. *Educando o Profissional Reflexivo: Um novo design para o ensino e aprendizagem*. Porto Alegre: Artes Médicas Sul, 2000.

SENGE, Peter. *A Quinta Disciplina: Arte e Prática da Organização que Aprende*. 17. ed. São Paulo: Best Seller, 2004.

SERRA, Fernando Ribeiro et al. *Gestão Estratégica: Conceitos e Casos*. São Paulo: Atlas, 2014.

SIBBET, David. *Reuniões Visuais: como gráficos, lembretes autoadesivos e mapeamento de ideias podem transformar a produtividade de um grupo*. Rio de Janeiro: Alta Books, 2013.

TAVARES, Maurício. *Comunicação Empresarial e Planos de Comunicação: teoria e Prática*. 3ª. São Paulo: Atlas S.A., 2010.

TEIXEIRA, Leonardo. *Comunicação na empresa*. Rio de Janeiro: FGV, 2007.

TORRES, Maria Cândida; TORRES, Alexandre Pavan. Balanced Scorecard. Rio de Janeiro: Editora FGV, 2014.

TZU, Sun. *A arte da guerra*. São Paulo: Martin Claret, 2002.

VOLTOLINI, Ricardo. *Terceiro Setor: planejamento & gestão*. 2. ed. São Paulo: SENAC, 2004.

WHITTINGTON, Richard. *O que é estratégia*. São Paulo: Pioneira Thomson Learning, 2002.

Índice

A

Ação xi, xiii, 9, 10

Ação Estratégica 123

Administração Estratégica vii, 25

Alcance xiii, 35

Ambiental 13

Ambiente 18, 50

Ameaça 24, 27, 50

Aprendizado 13

Aprendizagem 85, 91, 94, 115, 136

Atividade Primária 20, 21, 23

Atividades de Apoio 20, 22

C

Cadeia de Valor 19, 24

Cadência 91

Caminho 80, 121

Canvas v, xiv, 71, 74, 75, 80, 81, 82, 86, 87, 91, 93, 98, 100, 116, 121, 123, 127, 132

Cenário 50

Cérebro 85, 86

Ciclo 34

Cognitiva 13

Competitividade 8, 23

Comprometimento 39, 62, 69

Comunicação 121, 122, 137

Conceito 9

Configuração 13, 14

Conhecimento vii, 33, 91, 115, 136

Corporativa 11

Criatividade 18

Criativo 18, 86, 99

Cultural 13, 91, 115

Custo 54

D

Definição 24, 41

Desafio 32, 34

Design 13, 99, 135, 136

Diagnóstico 105

Diferenciação 16, 18, 54

Direcionamento 43, 44, 53

Diversidade 10

E

Empresa 6, 17

Enfoque 17, 18

Engajamento 93

Entendimento 70, 80, 86, 87

Equipe 119

Estratégia vii, 2, 3, 6, 8, 11, 12, 13, 14, 16, 17, 19, 23, 57, 94, 136

Estratégias Genéricas 18

F

Facilitação 84

Ferramenta 86, 88, 93

Forças 14, 89, 108

Formulação 8, 25, 34, 50, 111

Fraqueza 89

Funcional 11, 50

G

Gerenciamento 24, 44

Gestão vii, xi, xiii, 26, 30, 33, 34, 36, 50, 53, 135, 137

Gestão estratégica 135

Gestor 53, 56, 57, 62

I

Identidade Organizacional 100

Indivíduo xiii, 6, 27, 33

Informação 34, 47, 85

Iniciativa Estratégica 115

Instrumento 80, 94

Interação 87, 94

Interdisciplinar xi

L

Liderança 16, 18, 50, 62

Linguagem Visual 84, 88

Lógico 86

M

Manobra 10

Mapa xiii, 41, 53, 54, 73, 78, 80, 94

Margem 20

Marketing 21

Mercado 113

Meta 50

Missão 50

Modelagem xiii, 80

Monitoramento 123

Morosidade 80

Motivação 50, 93

Mudança 86, 101

Múltipla 35

Mundo 27, 30, 34

N

Negócio 136

Negócios 11, 44

O

Objetivo 8, 50, 89

OKR 89, 135

Oportunidade xiv, 24, 34

Organização 18, 94, 137

P

Padrão 10

Participação 119

Perspectiva 6, 9, 10, 30

Perspectiva Evolucionária 6, 9, 30

Planejamento vii, xiv, 13, 25, 40, 50, 53, 80, 93, 95, 99, 100

Plano 10

Poder 13

Posição 10

Posicionamento Estratégico 23

Problema 89

Processo Decisório 80, 88

Produto 113

Programação xiii

R

Reflexão 33, 70, 86, 102, 108

Renovação 10

Representação 45, 54

Representação Gráfica 54, 88

Risco 16, 17

S

Safári 12, 13, 57, 136

Segmento 11, 12, 14

Sensibilização 50, 99

Sequencial 86

Serviço 21, 113

Setor 137

Simplificação 93

Sinergia 71

Síntese xi, 12, 88

Sintonia 8

Strategic Canvas v, xiv, 71, 75, 80, 81, 82, 86, 87, 91, 98, 100, 116, 121, 127, 132

T

Tela 80, 98

Território xiii

Trajetória 5

Transformação 12, 13, 21

Trilha 41, 53

U

Unidade Empresarial 11

V

Valor 50, 113

Vantagem 3, 19, 20, 136

Vantagem Competitiva 3, 19, 20, 136

Visão 50, 51, 117

Visual 135

Visualização 84

CONHEÇA OUTROS LIVROS DO NOSSO CATÁLOGO!

Negócios - Nacionais - Comunicação - Guias de Viagem - Interesse Geral - Informática - Idiomas

Todas as imagens são meramente ilustrativas.

SEJA AUTOR DA ALTA BOOKS!

Envie a sua proposta para: autoria@altabooks.com.br

Visite também nosso site e nossas redes sociais para conhecer lançamentos e futuras publicações!
www.altabooks.com.br

/altabooks ▪ /altabooks ▪ /alta_books

ALTA BOOKS
EDITORA